平田篤胤

その思想と人生

渡部由輝

無明舎出版

平田篤胤◉目次

はじめに——相転移《そうてんい》的人生

たんなる変化ではない。変遷、つまり移り変わるようなものとも違う。抜本的変化、ある状況からそれとは本質的に異なる状況へ突然的に至るようなことを、科学の世界では「相転移」という。液体の水が熱せられてある時点に達すると、突如として気体に変わる（沸騰する）ようなことである。生物界にもその種事例がある。カメレオンが周囲の状況に合わせて、自らの体色をごく短時間のうちに一変させるようなことも相転移の一種といってよい。

江戸時代中後期、そのような相転移的人生をおくった人物がいた。秋田藩二十万石における百石とりの大番士大和田清兵衛家の四男正吉である。秋田藩には当時武士階級者は三千二百家あまりおり、その中で百石とり以上は四百家ほどしかいなかったから、大和田家は一応は上士階級者のうちに入るといってよい。ところが正吉は幼時から一般庶民階級者家に養子にやらされたり、養家を嫌って実家に戻ったりした。実家では居場所などなく下男同然の扱いを受けたこともあり、このまま秋田に居ても未来はないと数え二十歳時、単身で脱藩して江戸に至った。江戸入りした当初の正吉はほとんど無一文、身寄りも知るべも全くいない浮浪者同様の境遇であった。実際、二十代前半時の数年間は無宿者、あぶれ者的集団の中に身を投じていたこともあったという。

それが後年、平田篤胤（一七七六〜一八四三）として日本史の教科書にも載るほどの大学者にして大思想家にまで登りつめられた。しかもその思想たるや、現世のみならず来世・異世界というような状況まで統括する広壮にして遼遠なもので、思想家としての名声は当時の幕閣首脳はもちろんのこと、天聴にまで達していた。身分的規制が現代よりはるかに厳しかった当時、それは驚天動地的変移、それこそ相転移的変化といってよい。

生物界における相転移にはその個体を取り巻く環境的状況が大きく関与する。人間界における〝相転移〟にも同様、その人物の周辺的状況が重要的に関係する。篤胤が生きて暮らしていた江戸時代中後期の頃の世相・世情・風俗・時代精神のようなものにも眼を配りながら、平田篤胤における相転移的人生を追ってみたい。

平田篤胤

――その思想と人生

序章

希望なき船出

わが国に近代医学が導入されたのは江戸時代中後期、当時唯一の西洋学受け入れ地であった長崎で杉田玄白がオランダ医学書を翻訳し、「解体新書」として世に出した安永三年（一七七四）あたりからである。その二年後の安永五年八月、長崎から一〇〇〇キロほど東北方の秋田藩において、百石とりの大番士大和田清兵衛家で、額の部分に小さな痣《あざ》がいくつかある四男が誕生した。本書の主人公平田篤胤《あつたね》（当時は大和田正吉《まさきち》）である。

科学的合理主義を基盤とする近代医学導入以前のわが国の医学界は、今日的にいえば迷信のかたまりのようなものだった。そのこともあり、「医相同然」ともいわれていた。医者の診断や治療など人相見や手相見、吉凶占いなどと同様、当たる（治る）も八卦当たらない（治らない）も八卦、似たようなものというふうな意味である。

親を殺し、兄弟も殺す相《そう》

その医相同然の時代、顔に痣やホクロがあって生まれた男の子は、親を殺し兄弟も殺して家を奪う相といわれていた。現代風に考えるなら、親兄弟なんか殺したってなんのためにもならないが、江戸時代はそうでなかった。財産も家職も長男だけが相続するという、極端な長男優遇社会だったからである。したがって成人した長男にとっては、自分が世に出るためにはまず父親が邪魔になる。父親なんか早く死んでくれればよい、死なないまでも引退してくれたら助かる。それは次男、三男以下にしても同様である。父親や長男（あるいは次男）が健在である限り、他家の養子にでもならなければ、自分が世に出る機会はまずない。

ただ都合が良いことに、当時は医学のレベルが低かったこともあり、人間の死亡率が高かった。少々のはやり病いでも人は簡単に死に至ってしまうものだった。特に幼少年時の死亡率が高く、成人するまでに三人に一人、家によっては二人に一人ていどは死んでいたものである。実際、大和田家でも長男が早世し、次男が跡を継いでいる。ついでにいうと、ずっと後年の話になるが、本書の主人公平田篤胤家では二男一女が誕生したが、長男は一歳で亡くなり、次男も成年に達する前（十一歳）に死亡し、ただ一人だけ成人した長女に婿養子をとって家を継がせている。

ともかく江戸時代は極端な長男優遇社会で、次男以下はその予備や付属物的存在でしかない、ようなものだった。それはもちろん、当時の主たる財産が家屋敷や田畑・山林といった不動産であったため、現代のような兄弟姉妹均等的に相続するシステムでは、何代か経つと財産が細分化されすぎ、しまいには兄弟姉妹家いずれも共倒れにもなりかねないという弊害を防ぐためのものであるが、それにしても次男以下には過酷な財産継承制度であった。その実例をあげてみよう。正吉（篤胤）とほぼ同時代人の小林一茶家（一茶が十二年上）のケースである。

一茶は信濃国柏原（現長野県信濃町）で豪農家の長男として生まれた。田だけで四町歩あまり、他に畑地・山林も有するその地方有数の素封家であったらしい。が、百姓仕事を嫌い、若い頃から江戸に出て俳諧師として名を挙げた。今日では俳聖とまで評されていたりする。だが当時、俳諧では食えない。俳諧誌を主宰していたらしいが、それにも金がかかる。金が入用になると郷里に帰り、一茶に代わって孜々《しし》として田畑を耕している弟から金銭を持ち出していたらしい。弟が一家を構える頃になると、当然ながら財産争いが発生した。一茶一族だけでは解決できず、村役人も乗り出して訴訟・調停騒ぎに発展し結局、一茶側の半ば優勢勝ちとなって決着に至ったと伝えられる（弟は篤農家タイプで一茶の留守中、さらに財産を増やしており、その分は弟のものとなり、先祖代々の家産の多くは一茶が継承し、全体としては半々程度ずつの相続となったらしい）。もちろん、一茶は以後郷里に居ついてその自分の取り分の田畑を耕したわけではない。それを小作に出して江戸に戻り、（小作の）上がりで生活している。

ふと医者坊が嫌になり

以上のように江戸時代は武家だろうと一般庶民階級者だろうと長男だけが極端に優遇され、次男以下は（もちろん女子も）長男家の付属物、予備的存在でしかない、ようなものだった。そのこともあり、当時はあるていど以上の規模の素封家では、予備的存在でしかないため生涯結婚も独立もできず、兄一家の養い人的存在の血縁者が一人や二人はいたものである（実際彼ら彼女らは〝厄介〟などと呼ばれていたりした）。正吉のように四男ともなると、もう予備の役目も果たせない。というわけで正吉は生まれて間もなく、子のない足軽家へ養子に出された。が、六歳の時養父が死亡してお家断絶となり（跡継ぎの男子が元服前だとそうなる）、実家に還された。さらにその二年後、やはり子のない町医者家に、又々養子に行かされた。

ところが三年後、その町医者家に男子が誕生し、再び実家に戻された。というよりおそらくは、自分から希望して実家に戻った。その頃の心境について正吉は後年、こう語っている。

「ふと医者坊が嫌になり（自分から望んで）実家に戻った」。

これには説明を要する。医者〝坊〟とはデクの〝坊〟、立ちん〝坊〟などと同様、医師的職業者に対する蔑称である。医師・医業者は現代では人命を預かる、したがって最高的倫理規範に規定される尊職ともされているが、江戸の昔はそうでなかった。特に武士階級者にとってはである。むしろ卑賤的職業ともされていた（江戸時代の医者は免許など必要なく、その気になれば誰にでも簡単になれるものだった）。

当時、医者は袖が長くだぶだぶしたガウン状の衣服を着用することから、同じような服装（僧衣）をする僧侶などと共に「長袖者」とも呼ばれていた。袖が長いとそれが邪魔になって戦闘的行為には不向きである。というわけで長袖者とは非戦闘員というふうな意味でもある。それは勇武をもってよしとする武士階級者にとっては、侮蔑の対象以外のなにものでもない。実際、こんな話が伝わっている。当時の江戸城においてである。老人たちが昔話をしていた。

「近頃は小姓も行儀が良くなった。元禄の昔（江戸時代初中期）はこんなものではなかった。奥医師などは廊下ですれ違ったりすると、（小姓に）頭をポカリと殴られたりしたものだった」。

奥医師といえば、将軍家かかりつけの侍医、医師としては最高的地位者である。それほどの高位者であってもたかが小姓（といっても子供ではない。たいていは役付き者の警護を担当する血気盛んな若者）に、非戦闘員であるがため小馬鹿にされていたのである。

なお、大和田家は桓武天皇の皇子葛原親王の流れをくむ（ということは平氏である）と白称していた。そのこともあり正吉は後年、篤胤と名乗るようになってからは、自著に「平篤胤（たいらのあつたね）」

と署名することを常としていた。ともかく、大和田家は平清盛など平氏につながる武門の出である。そのこともあり、代々秋田城正面口の警備を担当する大番士という役職であった。敵が攻めて来たらその城門（大手門）を守って奮戦し、万が一（城門が）破られでもしたら、その場で切腹しなければならない重職である。十一歳ともなれば、そのような自家の伝統、世間のしきたりというふうなものも、うすうすわかってくる。正吉はとりわけ利発な子であったらしいから、なおさらである。足軽家なら武家、つまり第一線の戦闘員であるからまだしも、いくら収入が良く、安楽な暮らしができたとしても、長袖者（非戦闘員）にまでは落ちぶれたくない、というような意識があっての、おそらくは自ら望んでの実家への出戻りではなかったのか。

ついでにいうと、正吉は江戸に出て篤胤と名乗るようになってからのことであるが、生活に窮すると何度か医師を開業している。だが、平田医院はさして繁盛しなかったらしい。自らの職業に誇りを持てず、したがっておそらくは真摯に取り組もうとはしなかったと思われる仕事がうまくいくはずはない。もう一つついでにいうと、篤胤が学問上の師と仰いだ本居宣長も本業は医者であった。医業のかたわら国学研究にも励み、今日では国学の方が有名になっているだけのことである。ただ、宣長医院は繁盛したらしい。今日的にいえば、年収にして一千五百万円ほどもあったと伝えられる。宣長は元々の身分は町人である。医業を開設しても〝落ちぶれた〟というような意識などおそらくはなく、それなりに真摯に取り組んだためでもあったものと思われる。実際、宣長は日中は医業、夕方から夜間にかけては弟子たちを集めて国学の講義と自らの研究をしていたらしいが、夜間でも急患の知らせがあるとそれを中断して往診に駆けつけていたと伝えられる。

日本史上稀有の天才

ただし正吉、というよりは後年の篤胤にとっては、その医師見習い時代の四年間はきわめて重要な意義を有するものだった。当時の医書のほとんどは漢文で書かれた漢書であったからである（医術も中国渡来の漢方医術くらいしかなかった）。正吉はたぶん足軽家での六年間、さらに実家に戻っての二年間で、今日的にいえば小学校高学年生あたりまでの基本的学力がついていた。加えてその医師見習い時代の四年間で、おそらくは高校生レベル程度までの和漢書の読解能力を身につけられたものと思われる。

正吉はきわめつけの秀才だったらしい。正吉の子供時代の挿話には、（正吉は）愚鈍であったとしている書もあるが、それは完全に誤伝である。おそらくは常に何か考えごとをしているような性格だったため、ときにはトンチンカンな対応をすることもあり、そのような〝伝説〟にも至ったものと思われる。後年の平田篤胤時代、和漢の諸書・古文書を暗誦する能力において篤胤とほぼ同時代人の、盲人学者塙保己一（はなわほきのいち、篤胤が三十五歳下）と並んで日本史上双璧といわれた天才が、いくら子供時代とはいえ、愚鈍であるはずはない。

保己一についてはこのような話が伝わっている。あるとき保己一は歌会のゲストとして呼ばれた。十人ばかりの歌詠みがそれぞれ五首ずつ自作を持って集まり、それを保己一に批評・添削してもらう会だったらしい。終わって帰宅後、保己一はその五〇首を思い出して記録に残そうとした。四十八首までは思い出せた。が、残り二首がどうしても浮かばない。そこで保己一は家人にこう慨嘆したらしい。

「自分もヤキが廻ってきた。このように記憶力が衰えたからには、もう長くない」。

実際、保己一の死はその二年後であったと伝えられる。

篤胤についても似たような話が伝わっている。新進の国学者として名が売れ出し、仏教・儒教などを盛んに攻撃していた頃のことである。日蓮宗の僧侶が三人、連れ立ってやってきた。挨拶も早々、こう切り出した。

「貴殿は近頃、仏教を盛んに攻撃しているらしい。そもそも仏説を真面目に研究したことなどあるのか」。返答のしだいによってはただではすまさない、といった権幕である。そこで篤胤はおもむろに日蓮宗の教義書である法華経を長々と唱えだした。三巻ほど、数ページ分くらいはあったらしい。それを朗誦し終わると口を開いた。

「今、朗誦したところに、一巻につき一箇所ずつ間違いがある。貴殿たちは法華経の専門家とお見受けする。その三か所を指摘してほしい」。

三人の僧侶たちは二の句が告げず、早々に退散したことはいうまでもない。

ついでにいうと篤胤の〝天才〟は暗誦的能力に関してであり、和漢の古文書を読解する能力については、篤胤より一世紀ほど昔、江戸時代初中期の頃の儒学者新井白石と荻生徂徠が、日本史上双璧とされているらしい。もちろん篤胤の古文書読解能力も、その二人の大天才には及ばなかったかもしれないが、並みの学者の水準ははるかに超えていたと伝えられる。

なお、篤胤はその医師見習い時代、青山菁我に学んだとしている書もあるが、それは完全に誤伝である。青山（一七二八～一七八六）は江戸にまで聞こえた秋田藩士にして高名な儒学者、藩主佐竹侯への進講者でもあった。そもそも青山の没年時、正吉はまだ十一歳。後年の篤胤時代ならともかく、正吉の頃は（青山は）軽々しくお目通りできる身分ではない。ついでにいうと、篤胤の国学・史学・宗教学などのほとんどは、「天才に師承なし」ではないが特定の師につくことなどなく独学で身につけたものである。

国学における四大畸人の現実逃避

前述したように正吉には生まれつき、額の部分に小さな痣がいくつかあった。そのように通常とは異なる容貌や容姿の持ち主は当時は〝畸人〟とも称されていたものである。畸は奇にも通じ、珍しい、通常的ではない、さらにかたわというふうな意味合いも有する。日本史上そのような身体的特徴を有していた著名な国学者が四人いる。他の三人は本居宣長（一七三〇〜一八〇一）と、宣長と同時代人の上田秋成（宣長が四歳上）、さらに明治生まれの折口信夫（一八八七〜一九五三）である。折口には篤胤と同様、生まれつき額の部分に小さな痣がいくつかあり、宣長は幼児期にかかった疱瘡の後遺症でアバタ面であった。秋成はさらに畸人的で、右手の中指が第一関節から折れ曲がっており、小指は第二関節から先がなかった。

この四人の著名な国学者にして畸人には共通する事項、もしくは性癖が二つある。一つはおそらくは自らの畸人的容貌や容姿のためではなかったかと思われるが、女性関係にはきわめて臆病かつ、純情であったということである。その代表者が、わが国の国学だけでなく、学問の歴史において燦然と光り輝く巨星、本居宣長であった。

宣長は伊勢松坂（現三重県松坂市）の木綿問屋小津家の嫡男として生まれた。小津家は江戸にまで支店を出している松坂でも五本の指に入る豪商であった。が、宣長はおそらくは自らの異相のためもあったものと思われる。外遊びなどあまりせず、子供の頃から家に閉じこもって本ばかり読みふけっていたらしい。親は早々に家業を継がせることをあきらめ、青年期になるとそんなに本が好きならと医師にするべく京都に遊学させた。前述したように当時、医書のほとんどは漢書だったため、まず漢学塾、さらに国学塾、医学塾に学ばせた。今でいえば大学の医学部に入学させ、教養課程として漢学と国学をも履修させたようなものである。

その教養学部時代、友人が一人できた。友人は京都の人で、二人で連れ立って京洛の町を散策したこともあったらしい。友人の家に遊びに行ったりもした。友人には妹が一人いた。ときには妹も交えて三人で遊覧もしたと伝えられる。その妹がたぶん宣長の初恋の人であったものと思われる。が、おそらくは自らの〝異相〟のためもあり、そのことなど口に出せず宣長の京都修学は終了し、松坂に戻って医師を開業した。

そして数年たった。三十一歳のとき宣長は身を固めた。もちろん親のすすめる相手との見合い結婚であったろう。が、そのわずか数か月後、初恋の人が亭主に死に別れたとの情報を得た（友人とは離れても書信ていどは交わしていたらしい）。そこで宣長はどうしたか。新婚早々の妻を離別し、初恋の相手「深草たみ」と再婚したのである。もちろん、たみとは終生連れ添ったことはいうまでもない。

篤胤は女性関係についてさらに奥手であり、純情であった。秋田時代はまず恋愛など思いもよらない境遇だったろう。結婚は平田家の養子となってから二十七歳のときだった。相手は六歳下の武家の娘（石橋織瀬）であった。織瀬夫人は賢妻であった。貧乏学者篤胤をよく支え、おそらくは愚痴一つ言わず家庭を守った。そのような苦労もたたったものと思われる。三十一歳の若さで一男一女を遺して世を去った。その頃、篤胤は新進の国学者としてようやく名が売れ出していた。その気になれば再婚相手などいくらでも見つかったものと思われる。が、それをせず再婚は織瀬夫人の死の六年後、残された二人の幼児を男手一つで育て上げたあとのことであった。そのさい、篤胤は今は亡き織瀬に最高のプレゼント（？）をしている。なんと、再婚相手を織瀬と改名させたのである。

再婚相手とすればこれ以上の屈辱はない。現代女性ならまず承諾しまい。が、篤胤は相手が承諾するような手だてを講じている。まず相手を武士階級者からではなく、貧しい下町娘（豆腐屋の娘で子供の頃から豆腐を売り歩いたりもしていたらしい）から選んだ、ということである。二代目織瀬にすれば、武家の妻になれ安定した暮らしができるというプラス面と、屈辱に耐えて前妻の名を名乗るというマイナス面をはかりにかけて、前者を選んだものと思われる。なお、二代目織瀬夫人も賢妻であったと伝えられる。

宣長と同時代人の上田秋成は女性関係において、さらに個性的な生き方をしている。実生活では家庭を持ち、宣長と同様、職務に忠実な医者で秋成医院もそれなりに繁盛していたらしい。が、それ以上の〝女性〟などはなっから諦め、というよりは自分から拒否している。医業・作家業に疲れると、秋成は着古したボロボロの衣をまとい、腰には帯の代わりに荒縄を巻きつけ、草履も履かず裸足という乞食同然の姿で京・大坂の町をさ迷い歩いたと伝えられる。どうせこんな畸形では女なんかにモテるわけない。それなら徹底的にモテない格好をしてやろう、ということではなかったのか。

国学における四大畸人の残る一人、折口信夫（一八八七〜一九五三）は女性関係に関して、さらに個性的な生き方をしている。初めっから女性そのものをあきらめている。男色に走っているということである。もちろん、生涯独身であった。なお、折口には子（春洋）があったとしている書もあるが、春洋は養子である。

この国学における四大畸人には共通する学風がある。四人とも彼らがげんに生きて暮らしている時代よりはるか古い、千年かそれ以上も古い時代の学問や歴史・風俗を主たる研究の対象としている、ということである。宣長の主著はいうまでもなく「古事記」（古事記の研究に三十五年の歳月を費やしている）、折口も代表書は「古代研究」であり、秋成は「雨月物語」や「春雨物語」など怪異譚でもわかるように、その両者よりさらに古い（？）妖怪変化が跋扈・跳梁していた時代の考察が主戦場であった。また、篤胤の学風はその三者の守備範囲の総合や折衷、もしくは一部分を拡大・深化させたようなもの、と言ってよいものと思われる。

そのようにわが国の学問の歴史に残る四人の畸人にして著名な国学者が、四人とも自らがげんに生きて暮らしている現実的世界より、はるか彼方、千年かそれ以上も昔の時代を研究の対象としたことについて、現実世界では畸人として拒否(?)されているがため、それならばとはるか古い時代や非現実的社会に興味を有したからとするのは、うがちすぎる見方かもしれない。がともかくこれら四大畸人学者が、四人とも現実的世界とははるかかけ離れた世界や事象に、より多く興味・関心を有していたことは間違いないと思われる。

その意味でも平田篤胤を倒幕運動の黒幕、幕末維新の先導者とするほど、的外れの論はない。篤胤の興味や研究の対象は常に自らが生きて暮らしていた時代より千年、あるいはそれ以上も古い古い時代や、さらに古い(?)異界・異次元的世界であった。現実の幕藩体制に関してはおそらくはほとんど関心を有せず、もちろん倒幕などもしかすると夢にも考えていなかったのではないのか。実際、晩年のことであるが、篤胤は徳川御三家に盛んに仕官運動をし、それがかなって尾張藩からは三人扶持を供され(明和三年、一八三〇年、そのとき篤胤五十五歳)ていることがその証明である。そのことに関しての詳細は第五章において稿をあらためて論ずる。

郷里脱出

平田篤胤ならぬ大和田正吉が養家を飛び出し、実家に還ったころのはなしに戻ろう。大和田家の世禄は百石だった。当時、四公六民が標準であったから実収入は白米にして四〇石、一石あたり十五万円として年収は六百万円くらい。相当な収入である。だがその頃、秋田は稲作の北限的地帯、少々の天候不順でも稲は実らず、ケカチ（凶作）の連続であった。実際、正吉が九歳になって実家に戻った頃の天明期は東北地方は冷夏による凶作の連続で、隣藩弘前では全人口の三分の一近くが餓死したとの記録がある（天明六年、一七八六年）。

ケカチは三年たたるといわれていた。ある年、ケカチとする。米が獲れないから藩から備蓄米を半知だけ支給される。その時点で藩庫はカラになる。翌年、平年作としてもカラになった藩庫を補充するという名目をつけて、又々半知だけ支給（その年も凶作だったら大坂あたりの米問屋から借りてしのぐ）、というわけで当時の秋田藩では半知支給が通例であった。

年収三百万円では使用人をおく余裕はない。その頃のことを正吉は後年、こう語っている。

「（実家では）飯炊き、掃除、使い走り、草むしり、肥汲みと追い廻された」。

下男下女がわりにこき使われていたのである。そのまま数年たった。その間、大和田家では長男が死亡し、次男が家督継承者の地位についていた。次男、三男も死んでくれたら四男の自分が世に出られる、とまでは考えなかったかもしれないが、ともかくこのまま実家に居たって未来はない。養子の口を探そうにも、一度（自分から）養家を飛び出したという前科のある自分には声がかかりそうもない。生涯、兄の養い人として結婚も独立もできず、実家で過ごすしかないのか。そんな暗い人生をおくるよりはというわけで、正吉は郷里脱出計画を考えた。十九の夏あたりだったらしい。

思い立ったら計画は周到なたちである。まず、行先は江戸に決めた。当時、江戸は人口百万人を有する世界有数の繁華都市（とまでは考えが及ばなかったろうが）、ともかく江戸までの旅費を作ろうと。その頃、旅籠賃は米持参で半ば自炊（薪代と宿泊費だけかかる）の木賃宿といわれた安宿で、今日的価格にして一泊二千円ていどで泊まれた。江戸まで十日前後として二万円くらい必要である。

そこで正吉はその夏あたりから親戚知人宅に頻繁に顔を出した。体力のある若者向けの仕事はいくらでもあった。水汲み、マキ割り、荷運び、それらを率先して手伝った。実家でももう不平がましい顔などせず、下男仕事をこなした。明けて二十歳の正月、親戚知人宅に年始回りをした。もくろみどおりどこでも「正吉、旧年中は世話になった、本年もよろしく頼む」と、ホマチ（秋田弁で御祝儀のこと）をはずんでくれた。実家からの分も合わせると一千文（二万数千円）ほどになったらしい。それを持って一月九日早朝、密かに家を出た。もちろん友人・知人にも、実家の誰にも知らせずにである。まだ夜が明けきらない時分だったらしい。

雄勝峠での〝幻聴〟

奥州街道を南下し、二日で秋田藩における最南集落、院内に至った。院内には関所があった。正吉は道中手形など持たない脱藩者である。が、当時は幕藩体制の最安定期とあって、箱根あたりの要地ならともかく、東北の辺地では関所などほとんどフリーパスで通れるものだった。関所は通常明け六つ（午前六時）に開き、暮れ六つ（午後六時）に閉まる。だが、その時刻を避ければ（関所の正面口は閉まっていてもそのすぐ横手に脇道があり、それはいつでも自由に通れた）道中手形などなくても通過できた。

正吉はもちろん脇道を通ったものと思われる。が、その日一月十一日は大雪であった。脇道から本道には戻れたものの、夜が明けたばかりとあって先行者の踏み跡などはない。白一色の世界である。峠の最高所あたりにさしかかった。雪はますます深くなってきた。降雪が激しく風も強くなり、地吹雪がしきりに舞う。そのときのことを正吉は後年、こう語っている。

「（峠付近は）大雪で路がわからなくなり、かつ腹がすき、手足がこごえ、途方にくれた」。

雄勝峠（標高四二七メートル）は最高所付近で大きく左カーブ（秋田方面から見て）している。そのように曲がっていることくらい、前夜泊まった院内の宿で確認しておいたのかもしれないが、全く初めての道、しかも他に通行者などいない白一色の世界である。どこで曲がるのかわからないまま、直進してしまったものと思われる。道をそれて森林地帯に迷い込んだり、行きつ戻りつしたらしい。登山者用語でいう、リングワンデルング（あてどもなくさ迷う）的状況に至った。そのとき天啓が起こった。後年、正吉はこう語っている。

「（そのようにあてどもなく彷徨しているとき）、頭上から〝左り、左り〟という野太い声が三度まで聴こえた。それに導かれて左方向に進んだら、ようやく本道に出られた」。

それは幻聴だったのかもしれない。風の音、樹々がゆすぶられる音、地吹雪が舞う音、などが複合的に作用して、そのように聴こえたのかもしれない。がともかく、遭難寸前のところ〝幻聴〟かなにかに導かれ、辛うじて生還できたということである。

なお、平田篤胤といえば古代学・国学の研究者として知られているが、現実的世界から遠く離れた（？）幽冥界、異次元的世界（異界）の研究者でもある。雄勝峠でのこの時の経験が〝原体験〟にもなっているといわれる。そのことについては第四章で稿をあらためて論ずる。

ともかく正吉は、江戸に至るまでの冬季における最難所雄勝峠はどうにか越えられた。が、まだまだ苦難は絶えなかった。何か所かの川越えがそうであった。奥州街道には大河越えはないが、中小河川越えが何か所かあった。それらには船渡しの設備があったが渡し賃節約のため、すべて徒歩でかときには泳いで渡ったりもしたらしい。それを難行苦行のようにしている書もあるが、冬季の川渡りなど長時間ならともかく、数分間ていどならそれほどの苦行でもないものである。事前に衣服を脱いで裸体になり、身体を外気に慣らしてから水に入れば（水温と気温の差が小さいから）、それほど苦しくもつらくもないからである。実際、当時の秋田藩の若者たちは寒稽古などと称し、そのようにして冬季に池や川を泳いで渡るようなことをよくしていた。正吉もその経験者だったのかもしれない。

以上のようにして、正吉の郷里脱出計画は成功した。江戸に至ったのは旧暦の一月二十日前後。当時新暦と旧暦では五十日ほどのズレがあったから、新暦では三月十日頃。江戸はもう春であった。

第一章

波の間に間に漂って

百石とりの秋田藩大番士大和田清兵衛家の四男正吉は寛政七年（一七九五）春、脱藩して江戸に至った。そのときの正吉はほとんど無一文、浮浪者同然の身であった。江戸には何の基盤も係累もなく、知人もいなかった。それが後年、国学における四大人の一人として、日本史の教科書に載るほどの著名な学者にして思想家に登りつめられた。その間には様々な偶然や幸運もあった。特に三十代の初め、平田篤胤として世に出られるまではそうであった。その世に出られるまでの正吉（篤胤）の軌跡を追ってみよう。

自己責任的社会・江戸

正吉が上京した頃の江戸の世相をみてみよう。

まず、人口的規模は約五十万人、今日的にいえばせいぜい中都市ていどにすぎなかった。もちろん、江戸の町全体からすればその二倍の百万人ほどはいたが、それは武士階級者も含めてのものである。当時、一般庶民階級者と武士階級者との居住地は厳然と区別されていた。武士階級者は大体は山の手あたりに、今日的にいえば周囲に塀垣を巡らした御殿状の大きな集合住宅の中にまとまって居住し、一般庶民階級者は下町や商店街などに雑居しているものだった。秋田藩についていえば、そのような集合住宅が江戸城の周辺に三か所あり、それぞれ上屋敷・中屋敷・下屋敷と呼ばれていた。正吉はもちろん脱藩者であるから、そのような屋敷に住むどころか近づける身分でもない。一般庶民階級者約五十万人のうちの一人にすぎない。

その一般庶民階級者は極端な自己責任的社会であった。浮くも沈むもどころか殺すも殺されるもすべて自分勝手、公権力は一切関与しないということである。それは公権力の行使者が少ないためでもあった。現在では警察官にあたる与力・同心は江戸の町全体で二百五十人くらいしかいなかった（テレビや映画などによく出てくる岡っ引きは、与力や同心が私費で小遣いを与えて事件の探索などに用いる私的使用人で、奉行所の正規の職員ではない）。つまり、一人で二〇〇〇人ほどの一般人を統括することになる。現代は警視庁の警察官は約五万人、東京都の人口は一千万人くらいであるから、一人の警察官が二〇〇人ほどの一般庶民を管轄している。公権力の一般庶民に及ぼす〝力〟は、江戸時代は現代の十分の一ていどでしかなかったのである。したがって放火や徒党を組んでの大規模な騒乱といった、町全体に被害が及ぶような事件以外の、たとえば個人間の争闘やもめごとといった民事には公権力は一切関知しない。すべて自己責任の世界だったのである。

こんな話がある。元禄の頃、岡部菊外という秋田藩士がいた。人を斬るのが趣味で、特に新刀を手に入れると斬れ味を試すといって夜な夜な、街に出て斬りまくった。生涯に斬った人数八十一人と伝えられる（それでも特に事件などに至らず捕まりもしなかったのである。そんな夜の夜中に出歩くのが悪いということなのである）。その菊外があるときあんまを斬った。あんまはいまわのきわに、よくもこんな眼の見えない者を斬ったな、たたってやると叫んだ。それが耳に残って離れず、菊外は結局、狂い死にしたと伝えられる。

その個人間の争闘における自己責任に関する話をもう一つあげよう。千葉道場で小天狗と称された剣の達人、千葉栄次郎にまつわるものである。栄次郎はあるとき街の小料理屋で一杯やっていて、二人連れの武士ともめごとになった。おきまりのように「表に出ろ」ということになり、出るやいなや栄次郎は抜き打ち的にまず一人を斬り、返す刀でもう一人も斬り伏せた。二人まで斬ったのであるからそのまま立ち去るわけにいかず、一応奉行所に届け出た。検分に来た与力か同心は栄次郎に「その方も千葉の小天狗と言われたほどの剛のもの。なにも斬るまでもなかったろうに」と、小言をつぶやいただけで特に罪になどは至らなかったと伝えられる。

もう一つ、民事間のもめごとなどに公権力は介入しないというケースをあげよう。江戸時代、諸物価の値段はもちろん売り手しだい、買い手しだいであったが、米価だけは別で公権力の統制を受けていた。あるとき米屋の代表が奉行所に「米価を値上げしたい」と、陳情に来た。奉行所は構わないと許可した。が、同時にこう念を押した。値上げは構わない。だがその結果、どんな事態になっても奉行所は一切、関知しない。そう言われて米屋は結局、値上げを断念した。

これには後日談がある。そのいきさつを知ってある相撲部屋の親方がこう嘆いた。「それは残念なことをした。うちには力自慢がいくらでもいる。値上げなどしたら大勢で押しかけ（米を）十俵でも二十俵でも略奪して来れたのに」。

とにかく、浮くも沈むもどころか死ぬも生きるも自分勝手、すべて自己責任の世界だったのである。ついでに言うと五代将軍綱吉は「犬公方」として有名である。「犬を捨てるべからず、違反者は厳罰に処す」

との法令を発布し、実際にそれに違反して処罰された者が少なからずいた。それも当時の江戸社会の「浮くも沈むもどころか、死ぬも生きるもすべて自分勝手、自己責任」という規範が関係している。

綱吉の時代、泰平の世になって百年あまり、江戸の町でも現代と同様、老人問題が発生していた。足腰が弱り、寝たっきりの老人が増えつつあった。現代なら高齢者医療制度が充実しており、至れり尽くせりの介護が受けられるが、そんな時代ではない。そこでどうなったか。それら老人たちは夜中にこっそり、町の辻や富者の門前などに捨てられるのである（子だくさんの家庭では生まれたばかりの幼児も捨てられたりした）。それを同じく飼えなくなって棄てられて野犬化した犬などが食い荒らすという事件が頻発し、「犬を棄てるべからず。最後まで責任を持って飼うべし」という、「生類憐れみの令」の発令に至ったのである。なお、犬に関する条項は同法令の第三条で、第一条と第二条は老人や幼児など人間の弱者に関するものである。

三無的社会・近代日本

正吉が上京した頃の江戸だけでなく、近代日本全体に通ずる特色もある。近代日本は「無階級的社会」であったということである。というと、こう反論するムキもいるかもしれない。中学や高校の日本史の教科書には、当時の日本社会は「士農工商」という身分に規定された階級的社会であったと、書いているではないかと。ただし、士農工商とはたまたま当人がそのときに従事していた職業を示すもので、恒久的な身分を表すものではなかった。個人間の身分的尊卑関係などはそれほどない、ということである。したがってどのような高位の地位者であっても、低地位者に特別に威をもって接するわけではなく、また低地位者が高地位者に必要以上にへりくだった態度をするわけでもなかった（これには例外も少なからずあったが)。

実際、正吉が上京する二十年ばかり前のことであるが、こんな話が伝わっている。老中松平定信といえば八代将軍吉宗の孫、寛政改革を主導した名宰相としてどんな日本史の教科書にも載っている。が反面、寛政改革には規制・規制とやりすぎて世の中全体が不景気になったというマイナス面もあった。その定信が老中時代、江戸城から退出しようとした。今でいえば首相にもあたる(江戸城における)最高的権力者のお下がりである。定信の家臣だけでなく、手明き者総出での見送りになる。そのさい、見送り人の一人が(どこかの藩の足軽だったらしい)定信を指して、こう叫んだ。「おい、あいつを見ろ。あいつのおかげで世の中全体が不景気になった。バカなやつだ」。

今日、近隣某大国の最高的地位者が一般民衆に「○○○のバカ」とののしられたら、タダではすむまい。〝死〟にまでは至らなくても逮捕・拘禁は必至である。それくらいではすまず〝死〟にまで至りかねない国は世界中に少なからずある。が、その足軽は特に逮捕などはされなかったらしい(あとで上役に叱責くらいはされたのかもしれないが)。大老だろうと老中だろうと、当人がたまたまその時に就いていた職業を示すものであって、一般民衆などとの恒久的かつ人間的尊卑関係を表すものではないとの認識が、社会全体にあったのである。そのような意識もあって正吉が秋田藩の上士階級者生まれでありながら、一般庶民階級者(町医者)の養子にやらされたりしたことは前述した。

近代日本社会におけるもう一つの〝無〟とは、今日的感覚からすれば当時は〝無学問的社会〟であったということである。江戸時代、義務教育制度はなかった。そのため幕閣のよほどの高地位者であっても(その地位はたいてい親代々からの世襲であったため)、今日的にいえば中卒ていどくらいの学力しかなかった。その弊害というよりは必然的成り行きといえるのが、一部の高学力者による専横で、その代表が田沼意次（一七一九〜一七八八）であった。

田沼は賄賂政治家として評判が悪い。かつては僧道鏡・足利尊氏とともに日本史上の三悪人などとされたりしたものである。が実際は、今日でいう消費税を考案したり、蝦夷地や印旛沼の開発をはかったりと、近代的感覚を有する有能な政治家であった。ただ、専横的であったことは確からしい。田沼は元々は紀州藩の足軽階級者、苦学して今でいえば大卒ていどの学力を身につけ、紀州藩主から八代将軍になった吉宗に従って江戸に出てきた。ところが、幕閣の連中のほとんどは低学力者とあって、田沼の専横にも至ったものである。実際その頃、田沼の同僚であった森山考盛という幕臣はこう証言している。

「当時の幕府の役人はよほどの高地位者であっても公文書が読めず（その頃の公文書類のほとんどは漢文や漢語を散りばめた候文で、今でいえば大卒ていどの学力がなければ読めないものだった）、もちろん書けもせず、それができる田沼に権力が集中した」。

なお、田沼のその〝賄賂〟も専横と関係がある。他の幕閣の連中が無能すぎるから、大名家や高家などからの頼み事が田沼に集中する。当時（現在も）人にものを頼むのに手ぶらではこない。必ずなにか金品を持参する。その頃の依頼事はだいたいは利権がらみであったからなおさらである。田沼の場合、頼みごとの件数が多すぎたからそれが目立っただけのことである。ついでに言うと田沼＝賄賂政治家という方程式の火元の一つは、当時の平戸（現長崎県）藩主松浦静山である。静山は自らの（田沼に対する）頼みごとが実現しなかったことを恨んでのことと思われる。自著『甲子夜話』の中で口をきわめて田沼を非難している。

最後の一つの〝無〟とは、正吉上京時のわが国における最高的権力者、徳川十一代将軍家斉の個性に関するものである。なお、家斉は正吉（篤胤）とほとんど同期生（家斉が三年早く生まれ、二年早く没している）である。

家斉は妻妾合わせて二十数人、産ませた子五十五人と、その方面の逸話で有名であるが、国家・国民の統率者、最高的指導者としては、ある意味では時代を超えた名君であった。その名君ぶりの一つが、国民を統制や規制などでの束縛はあまりしなかったということである。〝無規制〟〝無統制〟的統治、国民はそれぞれ自らの個性を十二分に発揮してかまわない、国家はそれを特に規制などしない、ということである。そのような統治姿勢が、明治新時代の到来にも結びついたともいわれている（明治維新は家斉死の二十数年後）。

家斉のその〝無規制〟ぶりを示す逸話を一つあげておこう。当時柳亭種彦作の「偽紫田舎源氏」という黄表紙（今でいう大衆小説）が、ベストセラーになった。筋は室町時代、将軍足利義政の子光源氏という架空の人物が忠臣らと共に市中に出没し、手あたり次第に美女を掠めたり、臣下から献上されたりして女護ヶ島的生活をおくるというもので、誰が読んでもモデルは家斉とわかるような筋立てになっている。

今日、国家の最高的地位者をモデルとするそのようなパロディ小説なんか書いたらただではすむまい。その前に出版社が受け付けてくれまい。名誉棄損罪かなんかで訴えられたりする。ところが、家斉はそれを読んで「面白い」と平然としていたらしい（ただし奉行所が気をまわして同書は発禁、種彦は以後著述差し止めの処分を受けたらしいが）。

常盤橋での三年

ともかく正吉は三無的社会江戸に至った。数え二十歳の春である。以後、二年間の正確な足取りは伝わっていない。本人が意識的に語ろうとはしなかったところから察すると、ときには合法・非合法スレスレの行為をしたり、アウトロー的集団の中に身を投じたりしたこともあったのではないか。その中で比較的確実と思われるものをあげると、まず、火消し人足の一員だったらしいことである。「火事と喧嘩は江戸の華」といわれたように、当時の江戸は火事が多かった。その火事も自然発火や失火に限らず、より人為的なそれ、つまり放火的なものも少なくなかった。あぶれ者や浮浪者などが火事による臨時的雇用や需要をあてこんで（片付け仕事や臨時的工事が増える）、火をつけたりするのである。ほとんどの家屋が木と紙だけでできている当時の江戸の町は火災に弱かった。いったん火がつくと大火にもなりうる。その監視・予防と実際の消火活動のため、数町まとまって火消し人足を雇っていた。それら集団の中に身を投じていたこともあったらしい。

火消し人足よりもっと確実な、おそらくは一〇〇パーセント近く事実と思われる足取りもある。五代目市川団十郎一座の付け人かなにか、とにかくその種芸能集団の一員としての役割を果たしていたらしいことである。いくらなんでも役者として舞台に立つようなことはしなかったと思われるが（団十郎の息子の家庭教師をしていたとの説もある）、後年、平田篤胤として国学などを講義するさいの語り口は、重々しく論述するというふうなものではなく、たとえ話や今日的にいえばギャグ類を交えたりし、面白おかしく語るというよりは演ずるようなこともし（そのこともあり大衆講釈師などといわれたりした）たことから、ほぼ確実でないかと思われる。

ともかく正吉は江戸の雑踏の中で二年間、生き延びた。三年目、正吉は常盤橋（現在も東京駅の東北方三百メートルあたりにある）のたもとの大きな呉服店のフロ番になっていた。当時、どの職種でも大店は店頭売りはほんの一部で、多勢の店子《たなこ》（売り子）たちが、商品をかついで顧客たちの間を廻って売り歩く訪問販売が主体であった。税金の関係にもよる。江戸時代、税金は所得税類はなく固定資産税だけであった。つまり商店としては、店舗部分は狭く小さくし（交通が不便だったこともあり、店頭売りはまだ一般的でなかった）、訪問販売を主体にする方が税金的に有利だったのである。

店子たちは背負い子にそれぞれ二十貫（七十五キログラム）ほどの荷をかついで、一日中顧客たちの間を廻って売り歩く。夕方、ほこりまみれ汗まみれになって帰ってくる。それら店子たちのために当時、大きな商店にはたいてい専用のフロ小屋の設備があり、専属のフロ番もいた。そのフロ番として就職していたのである。後年、その呉服屋の女主人が正吉についてこう証言している。

「とにかく変わった人だった。仕事ぶりは真面目、人柄も悪くないので（フロ番より位が上の）店子にしてやると言っても、フロ番の方が良いと承知しなかった」。

本が読めたからである。フロ番の仕事は朝方から日中はフロ掃除、マキ割り、水汲み（水道などはまだないから井戸まで水桶をかついで何十度も往復しなければならない）と忙しいが、火をたいてしまうとあとはその番くらいしか用はない。番をしている間は本が読める、夜間も専用のランプがある、ということでフロ番の役から離れようとはしなかったのである。

当時、読書は音読である。正吉の朗々と音読する声は隣接する常盤橋にまで響きわたった。たまたまそのとき、常盤橋の管理責任者である備中松山藩（現岡山県高梁市）五万石の当主、板倉勝政が通りかかった。江戸時代、常盤橋のような江戸城の内堀・外堀にかかる橋は合わせて三十六橋あり、その管理責任者は五万石以上の譜代大名（江戸城に至る橋の管理を外様大名などにさせるわけにはいかない）か、三千石以上の旗本が担当していた。勝政はいくら管理責任者といっても常時、橋を見廻っているわけではなかったろう。たまたまそのとき来たものと思われる。もちろん正吉の音読の声を聞いたろう。

それから三年ほどたった。勝政はまた常盤橋の見廻りに来た。そのときも正吉の音読の声を聞いた。それが以後、正吉に到来したいくつかの偶然的幸運のはじまりであった。その一つが板倉家五代目当主勝政が名君だったということである。板倉家は初代が京都所司代を務め、幕末の頃は九代勝清が老中として維新の混乱期を（幕府側からすれば）成功的に処理したことで知られる。五代勝政もそれらに劣らない名君であった。当時、並みの大名の江戸城における役割は奏者番という、今でいえば案内者や取次という軽役で終わるものだった。勝政はそれに加え、寺社奉行まで兼ねていた。寺社奉行は勘定奉行・町奉行などと共に今でいえば各省大臣にも相当する幕閣における要職者であった。

加えて当時、板倉家には家臣が少なかった。たとえばその頃、秋田藩は二十万石に対して家臣数は約三千二百人。一万石あたり一六〇人ていどであったが、板倉家は五万石で家臣数四百六十人と、一万石あたり九十二人でしかなかった（一般に戦国大名上がりは徳川の世になって禄高を減らされたためもあり、家臣は過剰気味であり、幕臣上がりの大名はその逆であった）。つまり名君勝政は当時、有能な家臣を欲していたのである。

正吉の身元調査が行われた。元々は秋田藩士の息子、つまり武家の出であるらしい。性格も勤務ぶりも真面目、年は二十五、等々が判明した。折よく松山藩の五〇石とりの軍学者、平田藤兵衛家に跡継ぎがいない。というわけで話はとんとん拍子に進み、晴れて正吉は平田家の養嗣子に至った。江戸に出てから五年目の夏のことであった。名も実父大和田清兵衛祚胤と養父平田藤兵衛篤穏からそれぞれ一字ずつとって、篤胤と改めた。

なお、その偶然的幸運の一つの、正吉が常盤橋のたもとの呉服店に就職していたことは偶然ではなく、ある種の必然だったのかもしれない。江戸の街の創成期、幕府は各大名に建設を担当する橋を割り当てた。そのさい、常盤橋は秋田藩が担当したという記録がある。正吉は郷里にいたさい、何かのついでにその話を聞いており、それもあって常盤橋のたもとの呉服店への就職に至ったのかもしれない。また当時は木造であったから常盤であるが、現在のそれは明治年間に石造に建て替えられたため常磐と表記されている。

山鹿流軍学者平田篤胤の誕生

平田篤胤となって正吉の生活は一変した。平田家の家禄は五〇石である。ただ、江戸詰め藩士であるから禄は石ではなく俵で支給される。当時、一石あたり三俵五斗（大体二〇〇キログラム）が標準であったから、年収にして今日的にいえば三〇〇万円少々。大都会で親子三人（藤兵衛夫婦と篤胤）の生活では十分とはいえないが、それほど不足というわけでもない。当時、武士階級者は家賃類・税金類が必要なかったからである。平田一家は板倉家の大身者、牛込柳町（現新宿区、私は学生時代牛込柳町の賄付きの下宿で二年ばかり暮らしていたことがある。坂の多い街だったと記憶している）にあった本多家の長屋状の集合住宅に住んでいたから、家賃も固定資産税も必要ない。元々篤胤は秋田にいた正吉時代、年収百石とりの家計といっても半知支給が通例であったから、経済的にはそれほど変わったというような意識などなく、適応できたものと思われる。

学習環境も変わった。平田家の家職は山鹿流の軍学者である。元々は兵法家ともいった。戦陣に至ったさい、地形・地勢・彼我の戦力などを勘案して兵力を配備したり、具体的作戦を練ったりする職である。ただ、創始者の山鹿素行自身泰平の世生まれ（一六二二～一六八五）で実戦経験など全くないということもあり、山鹿流は軍学や兵法というよりは思想といってよいものだった（実際、岩波書店はわが国を代表する思想家百人ほどを選び「日本思想全集」を出版しているが、素行をその中の一冊にあてている）。

その思想家としての素行の基本的姿勢は反儒学かつ反儒教、すなわち国粋主義的なものだった。それが儒学の本家本元である幕府の顧問学者林家と、儒学を統治の基本的姿勢とする幕閣に忌避され、素行は生地会津を追われ（当時の会津藩主保科正之が徳川秀忠の三男だったためでもあったらしい）、播州赤穂（現兵庫県赤穂市）に流謫の身となった。その赤穂時代、大石内蔵之助の祖父を教えたことがあり、それが後年の忠臣蔵事件にも結びついたともいわれている。なお、講談などでは浪士たちが吉良邸に討ち入りのさい、山鹿流の陣太鼓を打ち鳴らしたなどとしているが、いくらなんでもそれはない（夜間、こっそり討ち入るのにわざわざ太鼓など鳴らすわけはない）。

ともあれ、篤胤は山鹿流軍学者家の人となった。居住環境も学習環境も変わった。秋田人はそのような変化には素直に順応する性癖を有する。篤胤もむろんそうであった。平田家には素行の著書が少なからずあったはずである。それらのほとんどは返り点なしの純粋な漢文であった（前記岩波書店版はその返り点なしの純粋的漢文である。むろんわたしにはほとんど読めない。以下、素行の思想傾向等々に関しては、中央公論社刊の『日本名著全集』（現代語訳になっている）を参照している）。篤胤はもちろん、返り点なしの原文も十分読めたはずである。ただ、素行と篤胤の間には百五十年もの開きがある。明治維新期の思想家の著書を現代人が読むようなものである。篤胤も素行の思想傾向をそのまま受け継いだというわけではなかったろう。が、後年の篤胤の著作には素行の影響と思われる事項が少なからず見受けられる。

たとえば〝鬼神〟のモンダイである。われわれ人類をも含む宇宙全体を統括する霊妙にして不可思議的存在とはいかなるものであるのかは古来、中国哲学において重要な課題であった。中国人はそれを〝鬼神〟とし、聖人のみが感得しうる存在とした。素行はそれを一歩進め〝鬼神〟は聖人だけでなくわれわれ凡人にも（心眼を澄ましたりすれば）感得しうるとした。篤胤はそれをさらに進め、〝鬼神的世界〟は聖人・凡人に関係なく、また心眼など特に澄ましたりしなくても現に存在している。ただ、眼には見えないだけとした（「新鬼神論」）。実をいうと以上のような〝鬼神〟とは具体的にどのようなものを意味するのかは、書いた当人（私）もわからない。強いて言うならば「近代的、もしくは科学的合理」がそれに相当するのではないかと思われるが、それが適切な解釈であるかは、自信がない。篤胤が素行の影響を受けたと思われるもっとわかりやすい例をあげよう。「中朝」のモンダイである。中朝とは儒学的には「世界の中心的国家である中国の王朝」とされている。そのような定義に従い当時の、いやそれ以前のはるか古い古い時代から、わが国の歴史家・思想家・文筆家のほとんどというよりおそらくすべては、「中朝」をそのような意味に用いている。それを素行は、世界の中心的国家はわが日本国であるからと、「中朝」を日本国の王朝、つまり天皇家とその代々の王朝とした（「中朝事実」）。篤胤もおそらく家学である素行の著書を読み、うまいことを言うと納得したものと思われる。篤胤の著書においても当然のことながら、「中朝」をわが日本国代々の王朝、つまり天皇家であるとしている。さらにその理由も素行よりもっと具体的に、「わが日本国は緯度的に中緯度、大洋のただ中にあり、気候は温暖で作物は良く実り、人民の気風も温順、したがって世界の中心的国家たる存在として適切」としている（『大扶桑国考』）。また、素行は日本人の性向的特色の一つを「純朴にして義に篤く、事に当たっては積極果敢」としている（『聖教要録』）。篤胤は同書を読んで、やはり得心したものと思われる。自著『本教外伝』の中で同様の論を展開している。なお、篤胤は一般に荷田春満・賀茂真淵・本居宣長と共に、国学における四大人の一人とされているが、それよりは山鹿素行の系譜につながる思想家とした方がより適切と思われるが、どうだろうか。

ついでにいうと幕末維新期、特に明治期における一部の軍人や右翼的勢力の国粋主義的思想の源泉は山鹿素行である。その代表的後継者、もしくは尊崇者といえるのが乃木希典であった。乃木は明治四十五年九月十三日、明治天皇の大喪の当日、赤坂の私邸において静子夫人とともに殉死した。乃木は西南戦争において政府軍の連隊長でありながら連隊旗を西郷軍に奪われるという、当時では切腹にも相当する失態を犯した。その責を三十五年後に償ったものといわれる。乃木は日露戦争で愛児二人を二人とも失っていたこともあり、いずれは明治大帝と共に殉死しようとの意志があったのだろう。その置き土産かはわからないが、晩年の乃木は山鹿素行の顕彰運動を主導し、それが奏功して素行は明治四十年、一民間人としては最高位といえる正四位を追贈されている（素行の墓前において、陸軍大将の軍服姿でそのことを報告する顕彰文を読む乃木の写真も残されている）。

緊急避難的結婚と初めての著書出版

山鹿流軍学者というよりは（おそらくはもう軍学の時代ではないからと）、山鹿流思想家として出発点に至った二十六歳時、篤胤は身を固めた。相手は沼津藩水野家五万石の家臣、石橋清左衛門の娘織瀬（二十一歳）であった。それを恋愛結婚のようにしている書もあるが当時、武家同士の婚姻に恋愛はない。沼津藩水野家は元々は岡山にあり、松山藩とは隣藩で、しかも戦国大名上がりでなく（松山藩と同様）徳川家の旧幕臣上がりであった。その縁で水野家が沼津に移封されても両家は交友があり、それも関係しての見合い的結婚であったものと思われる。ただ、その結婚はあわただしいものであった。その（結婚の）二か月前藤兵衛夫人、つまり篤胤の義母が急死していた。篤胤と義父の二人だけの男所帯、女手が必要とあっての緊急避難的婚姻であったろう。

結婚そのものは突然的なものだったが、織瀬新夫人は以後の篤胤の思想的人生に重要な意味をもたらした。織瀬は篤胤と同様読書好きの教養人であったらしいためである。嫁入り道具として古事記・源氏物語・伊勢物語等々、軟文学関係の古書をかなり持参してきたといわれる（古事記は当時、文学関係書とされていた）。それまでの篤胤の読書傾向は軍記もの、歴史もの、思想もの等々、どちらかといえば硬派主体であった。それが織瀬夫人を得て軟文学関係も守備範囲に加わり、のちの話になるが「伊勢物語論考」等にも結びついたといわれる。

身辺を固めた篤胤はその頃（二十八歳時）、初めての著作を世に出した。『呵妄書』である。〝呵〟とは呵呵大笑の呵、〝妄〟とは迷妄の妄、つまり『呵妄書』とはある人物の著書とその説を、呵呵大笑として笑い飛ばすしかない迷妄書であり妄説であると決めつけたのである。その人物とは太宰春台（一六八二〜一七四七）で、著書は春台の主著『弁道書』である。春台も『弁道書』もたいていの江戸時代に関する史書に載っている思想界の大御所であり、著名書である。それを全く無名の新人評論家がコテンパンにけなしたのである。現代ならどの出版社も受け付けてくれまい。当時の方が表現の自由があったということかもしれない。

ただ、『呵妄書』の主旨の「儒学・儒教とはうわべだけとりつくろった空理空論といってよいもので、それがもたらす益よりも害の方がはるかに大きい」との論は、現代的に考えるなら、もしくは日本人的感覚からすれば、むしろ正論と言ってよいものだった。

たとえば、儒教の代表的葬礼ともいうべき服喪制である。儒者は親が亡くなれば三年の喪に服する。その三年とは足かけであるから、実際は二十七か月くらいであるがともかくその間、屋外には一歩も出ず、ひたすら亡き親を敬慕して過ごす。実際、江戸時代を代表する儒学者である伊藤仁斎（一六二七〜一七〇五）も、近江聖人と称された儒者中江藤樹（一六〇八〜一六四八）もそのようにしたと伝えられる。

なおその両者とも、通常は道服と呼ばれた袖の長いだぶだぶした衣服を着用していた。道服は戦闘的行為には適しない。つまり儒者とは非戦闘員ということでもある。その二つの弊害が如実に現れたのが、中国が古くから関係し、また悩まされてきた異民族との闘争、つまり戦争であった。

中国が異民族との戦いで連戦連敗した理由

中国では隋・唐の昔（紀元六、七世紀）から、科挙という人材登用システムがあった。大体は四書五経など儒学における古典の暗記・読解能力や、詩文などの作成能力をみるもので、合格者は出自に関係なく国家、もしくは地方官僚としての最高的地位にまで至れるものだった。中国が国家全体としては千数百年もの間、特に大きな破綻もなく継続して来られたのは、そのような今日的にいえば民主的かつ有効的人材登用制度のたまものであるとも、言われている。

ただ科挙には一つ、重要な欠陥があった。平時には確かに有用的かつ有効的に機能する。が戦時、特に異民族との戦いではうまく機能しない、どころかかえって逆効果にもなりうる、ということである。異民族が攻めてきたとする。迎え討つ中国軍の最高的指揮官は科挙の合格者、つまり道服を着た文官である。戦いのことなど何も知らない。ただ、戦えと命ずるだけである。いや、命ずるならまだよい。大体は親の病気見舞いなどと理由をつけて（儒教では親の病気でもかなり長期間、勤務を放棄して帰郷することが許されていた。もちろんその間の給与は支払われる）、前線からの逃亡をはかる。通常の業務ならまだしも、死ぬ・生きるの修羅場に、最高司令官が逃亡しているのに、部下だけが赴けるものではない。部下も同様に戦線離脱をはかり、軍そのものが崩壊に至ったりする。中国は古くから、遼・金・元・清など（中国側から言わせれば）辺境異民族の侵攻に悩まされてきた。異民族の方が人口的にも、もちろん軍勢的にもはるかに少ない。清などは人口数は明（当時の中国の王朝）の五パーセントくらいでしかなかった。それでも明軍の連戦連敗であった。大体は明軍の最高司令官の戦線離脱（前線からの逃亡）のためであった。

ついでにいうと、中国軍同士の戦いでは最高的指揮官は逃亡などしない。実戦、つまりチャンバラにはまず至らないからである。二軍が向かい合ったとする。戦形を構える（その戦形を構えるにあたっての心構えや、どのような地形のときはどんな戦形を構えたら適切か、等々を論じたのが中国に古くから伝わる呉氏・孫子などの兵法書である）。その構えるさいの運動状況や双方の兵力等々を勘案し、不利と判断した側は降伏を申し出る。もちろん、降伏した側はそれなりの償金を払わなければならない。がともかく、生きる・死ぬの修羅場にはまず至らないのである。儒教では〈死〉を人生における最凶事として病的に忌避するからである。

（中国側からすれば）異民族との戦いではこうはいかない。異民族には〈死〉に対する畏れ的感情はそれほどない。最高司令官が戦いを忌避するどころか、むしろ先頭に立って奮戦しようとする。部下も右にならえとばかりに勇戦し、結果として異民族側の圧勝にも至るのである。

具体例をあげてみよう。日清戦争（一八九四〜九五年）である。山県有朋大将率いる日本軍第一軍約四千は一八九四年九月十五日、中国軍が約二万の兵力を擁して守る平壌城（現北朝鮮ピョンヤン）に攻めかかった。通常、城攻めには攻める側が勝つためには、守る側の四〜五倍の兵力を必要とすると、たいていの戦書には書かれている。が、そのときは逆である。日本軍のほうが、兵力的にははるかに少ない。実際、九月十五日の緒戦では、日本軍は多大の犠牲を発生させてようやく二層の城壁を擁する平壌城の最下層の城壁の一部に取りつけただけであった。

日本兵の多くは十五日は城壁の下部に取りついたまま夜を明かした。翌十六日早朝時、日本軍がまだ再攻撃の準備をしている時、突如として平壌城の天守閣に白旗が掲げられた。降伏である。日本軍将兵はあっけにとられた。実際、後方にいた最高司令官山県は「平壌城が一日の攻撃で陥ちた。そんなはずない」と、その報を信じなかったといわれる。

清軍最高司令官の逃亡のためである。最高司令官葉志超が十六日早朝、親の病気見舞いの口実をつけて平壌城から逃亡したのである。残る三人の副司令官もバカバカしいと右に習えとなり、清軍全体が崩壊的事態に至ったのである。

日清戦争の半世紀ほど前（一八四〇）のアヘン戦争はもっとひどい。わずか数隻の英艦隊に大清帝国が蹂躙され、降伏したようなものである。やはり清軍の最高的指揮官クラスの避戦的行為、つまり戦線離脱のためである。なお、その二つの戦争相手の清は元々は中国北東部（満州地域）に興った、中国側からすれば辺境異民族にして少数民族。それが十六世紀、南下して明軍（最高司令官は科挙の合格者の文官）を圧倒し、支配者の地位に就いたものである。その故事を忘れ、前車の轍を踏んだものといわれる。

ただし、以上のような科挙、もしくは科挙的試験による人材登用システムは、戦時には弊害も発生したが、平時にはきわめて有効な人材登用制度であった。門閥や家柄、縁故などに関係なく、試験に合格さえすれば誰でも国家、もしくは地方組織の長たる地位にも至れるという制度があったから、有史以来、中国が何度も異民族の侵寇を受け、ときには（その異民族に）国土の大部分を奪われたりしながらも、国家全体としてはそれほどの破綻にも崩壊にも至らなかった理由の一つとされている。

それは科挙に限らない。なんといっても中国民族五千年の歴史と伝統は大きくかつ重い。われわれ日本人も戦時はともかくとして、平時にはなんらかのかたちでその恩恵を受けたりしているものである。私にもある。そのことに関し、一つの思い出ばなしを許していただきたい。

学生時代であった。貧乏学生で月の生活費はアパート代も含めて二万円くらいで間に合った。実家からの仕送りは一万円で、残りは家庭教師などアルバイトでまかなっていた。あるとき、理髪店に行った。代金を五千円札で払い（理髪代は数百円であった）、釣り銭を受け取って（確認しないで）ポケットに入れた。街へ出て買い物をした。さきほど理髪店で受け取ったおつりをあらためて取り出してみたら五千円札が入っていた。理髪店主が、私が払った五千円札を一万円札と勘違いしていたのである。

一瞬、こんな考えが浮かんだ。このままネコババしてしまおうかと。その理髪店は行きつけではなく、たまたま通りかかっただけで、ネコババしてもバレることはまずなかったろう。が、同時に高校時代、漢文で習ったこんな警句も浮かんだ。

「渇しても盗泉の水は飲まず」。

孔子が弟子を連れて諸国を遊説中、喉の渇きを覚えて水を飲もうとある泉に立ち寄った。が、その泉には「盗泉」との名がつけられていた。それを見て孔子は水を飲まずに立ち去ったとの故事にまつわるものである。私もその警句を思い出し、五千円札は返しに行った。

夢破れて医師大壑《がく》へ

篤胤に戻ろう。ともかく篤胤の論壇デビューはならなかった。まだ三〇にもなっていない無名の若者が、文筆で身を立てられるわけがないことは昔も今も変わらない。篤胤の著作はいわゆる軟文学ではなく、硬派の評論であるからなおさらである。生活の方は義父藤兵衛の五〇石でなんとかなるといっても、年収三百万円ではカスカスである。ヒマはたっぷりある、というわけで篤胤はさらなる生活向上をはかった。まず学塾を開いた（真菅乃舎）。学塾となると間借りしている本多屋敷では何かと手狭である。市中に借家というよりは借間してである。当時、家賃は安かった。今でいうアパート状の二ＤＫくらいの部屋が、現代的価格で月に一万円くらいで借りられた。同時にそのアパートの玄関に医師大壑との看板も掲げた。医業も開設しさらなる収入向上をはかったのである。「大壑」とは『荘子』からとったもので、海底深くの岩窟などに潜むという伝説上の大怪魚で、今は市中に沈潜しているが、いずれは世に出て天下をとってやるとの意気込みであったものと思われる。

結論をいうと、学塾も医業もそれほどは繁盛しなかったらしい。特に学塾の方は散々で、開塾当初の一年間で入門者わずか三人だけと伝えられる（その三人は毎日来るわけではない。たとえば三のつく日、五のつく日と日時を定めて、月に三日または六日くらい来る）。

医業も同様で、学塾ほどではないにしろそれほど収入の向上は見込めなかったらしい。その医師を開業したころの篤胤とその周辺の状況が伝わっている（『日本の医業』より）。まず、当時は医者が多かった。免許がいらず、役所への届け出も必要なく、カンバンさえ出せば誰でも自由に開業できたからである。その頃、江戸全体で医師は二〇〇〇人くらいいた。人口は約五〇万人であるから（一般庶民階級者だけ。武士階級者はその藩の藩医にかかる）、医師一人あたり約二五〇人、現在の東京都では医師約二万人で人口は一千万人ほどであるから、医師一人につき約五〇〇人と、当時の方が二倍ほども医師が過剰だったのである。実際その頃、江戸の街ではこんな俗諺が流行っていたと伝えられる。

「（江戸の街は）医者だらけ、犬のフンだらけ」。

医師のレベルも低かった。そのレベルが低かったことに関し、こんな諧謔ばなしもあった。「無点の医者」。当時、医書のほとんどは中国渡来の漢方医学書である。それは日本人向けに返り点などついていない、現代でいえば英語の原書みたいなもので、よほどの学力がなければ読めない。その学力がなく、つまり原書など読めず、迎えの駕籠の中で読むふりをしているだけという状況を諷したものである。

医術のレベルも医師のレベルも低かったのであるから、〝無点の医者〟たちは収益向上のため様々な策を講じることになる。同書からそのいくつかを拾ってみよう。まず個人的営業である。医者が患者家に行き、（患者の）容態を見て薬を調合する。そのさい薬の中に灰墨を混ぜておく。そして患者にこう伝える。「明日、黒い便が出たら薬が効いたしるしです」。もちろん翌日、そのようになる。患者は医者の腕を信用してより高価な薬を購入してくれるという寸法である。なお、当時は診療代はなく、医者の費用は薬代だけであった。

さらにこんな話も伝わっている。医師という職業は患者が多ければ多いほど名医との評判が立ち、収益もあがる。したがって患者の少ない医者は夜間、知人などに頼んで玄関の戸をことさら大きく叩かせ、「急患です、急患です、急いで来てください」などと叫ばせる。医者は急いで仕度し往診にでかける〝ふり〟をする、という芝居的営業である。

何人か組んでのグループ営業もあった。まず、そのグループの一人が診療に行き、薬を与える。大体はきかない。次に別の医者が呼ばれる（医術のレベルそのものが低かったこともあり、一回や二回の診療ではまず治らず、患者は頻繁に医師を換えるものだった）。そのさい、別の医者は前の医者とは別の薬を出し患者にこう伝える。「○○（前の医者）はこの薬を使いましたか」と。「使わなかった」といわれると、「おかしい、この薬の方が効き目があるはずだ。高い（値段が）から使わなかったのかもしれない」。患者は当然「高くてもかまわないから、新しい薬を使ってください」という。二人の医者とも儲かるという寸法である。なお、そのようなグループ営業に都合が良いからかもしれないが当時、医者の組合があった（ただし篤胤はその組合には入っていなかったらしいが）。

ついでに言うと、八代将軍吉宗の顧問学者荻生徂徠（一六六六〜一七二八）は、そのように悪徳医師がはびこるのは江戸暮らしでは金がかかるためでもあるから、医師の多くを生活費が安くてすむ田舎住まいにさせた方が良いと、吉宗に宛てた献策書『政談』の中で主張している。だが、いくら封建時代といってもそんな強硬策が実現するわけはなく、せっかくの提言も無駄に終わっている。

結局、医術のレベルそのものが低すぎたのである。治るも八卦、治らないも八卦ではないが、医学書（漢書）さえ読めれば、いや読めなくても誰でも自由に開業できたためである。その漢書を読むことに関してはおそらくは日本史上何本かの指に入るほどの天才、本居宣長は若い頃、京都に遊学して医師修行をしているが、わずか一年半で今日的にいえば大学医学部にあたる医学塾を終了し（現代では大学医学部に入学してから開業するまで、インターン時代を入れると最低でも八年はかかる）、二年目には郷里に戻って医師を開業している。

その医術のレベルが低かったことに関する挿話をあげよう。滝沢馬琴の長男琴嶺に関するものである。琴嶺は生まれつき癇性（精神が落ち着かない）で眼が悪く、文字も満足に書けないといった低能力者であった。これでは医者にでもするしかないと、馬琴は医学塾に入れて医者修行をさせ（今日と同様、金も随分とかかったろう）、どうにか格好だけはつけられる程度にし、医師の看板だけはかけさせた。が、自分自身の病も直せず、三十八歳の若さで世を去っている。

ついでにもう一つ、当時の医術のレベルが低かったことに関して失脚した有名政治家のケースをあげよう。田沼意次である。田沼は前述したように当時、最高的知識人であり、新感覚を有する有能な政治家であった。その田沼が老中時代、十代将軍家治が病いに陥った。そのさい、田沼が推薦した医師の調合した薬が効かなかったらしく、家治の病状がますます悪化し、（家治は）死に至った。それがもとで（田沼が毒殺したとの噂が流れたりした）田沼は失脚に至ったと伝えられる。将軍の病気であるから田沼はもちろん、当時では最高的能力を有する医師を推薦し、その医師も最高的治療を施したはずである。それでもこのていどだったのである。それにしても田沼も危ない橋を渡ったものである。田沼は時代を超えた知識人として、当時の医術のレベルを承知していたはずである。魔が差したのかもしれない。

時事評論家に転進

ともあれ、医師大壑はあまり流行らなかったらしい。収支決算は持ち出しとまではいかないまでも、トントンくらいではなかったのか。それで暮らしが特に楽になるというほどでなかったことは、確からしい。医業はヒマ、学塾の方も同様、というわけでもなかったのかもしれないが篤胤はその頃、別の方向への転身をはかっている。時事評論家である。実際、その時事評論家として三十二歳時、『呵妄書』よりさらに大部の著作を世に出している。『千島の白波』である。同書は篤胤ほとんど唯一の時局評論書であり、当時の時世に対する警世の書でもあった。しかも取材に相当の手間とヒマをかけたと思われる大部（文字数は本書の二倍くらいある）のものである。

『千島の白波』は北方からの異民族（ロシア人）の侵寇に備えよとの趣旨のもとにまとめられた、もしかすると秋田人にしてはじめて著述しうる時局論書といえるものかもしれない。秋田はナマハゲの奇習で有名である。ナマハゲは男鹿半島の真山・本山に棲む異種族たちが時折、里に降りてきて周辺の集落を荒らしまわったという故事にまつわるもので、その異種族とは北方から男鹿半島あたりに漂着した異人（おそらくは露人漁師）あたりではないかといわれている。

ともかく北方、もしくは対岸からの赤ら顔の異人の襲来は、秋田人にとって古くから身近な脅威であった。また実際、篤胤の時代は露人が大船団を組み千島列島、さらに蝦夷が島（北海道）あたりにまで南下しつつあった。伊勢（三重県）の航海者大黒屋光太夫が天明二年（一七八二）江戸への廻航中、嵐に遭って難船し千島列島にまで漂流して現地民に救助され、シベリア大陸を横断して首都ペテルブルグ（現レニングラード）に至ってエカテリーナ女帝に謁見し、再び同ルートを通って十数年ぶりに帰国（寛政五年、一七九三）したこともあって当時、北方事情が一般にも相当に知れ渡っており、また実際、露人の南下が脅威になりつつあった。その脅威に備えよとの意図のもとに著述された本格的な時局論書、といってよいものだった。

それにしても『千島の白波』は、まだ鎖国的体制の続いている当時（文化四年、一八〇七）、よくこれほどの材料を集められ、また出版が可能であったかと感心させられるほど大部のものである。しかもその内容たるや、当時のわが国の蝦夷が島における兵力の配備状況、たとえば函館には松前兵何百名、江差には秋田兵何百名、厚岸には庄内兵何百名、国後島には津軽兵何百名とおり、それぞれの銃砲力はどのていどか等々、軍事上の機密的情報もふんだんに記載されている。

当時、篤胤には北方事情に関して三人の友人がいた。幕臣屋代弘賢と近藤重蔵、民間人最上徳内である。屋代は幕府祐筆としてロシアからの使節ラクスマンへの返書を書き、近藤重蔵（一七七一〜一八二九）は幕府の命を受け（隠密といわれる）、蝦夷が島から国後・択捉島あたりまでの探検行を生涯に五度も行い、択捉島に「大日本恵土呂府」という標柱を建て、同島が日本国領であることを宣言したことで知られる。その宣言どおり、戦前までは国後・択捉島は国際的にも日本領であると認められていたものである。（それを今次大戦のドサクサにまぎれてロシアが不法占拠し、その体制が現在まで続いている）。徳内（一七五四〜一八三六）は北方事情に関してはさらに上手《うわて》で、元々は庄内（山形県）の百姓の生まれながら若い頃から北方探検を志し、通算八回もの蝦夷地、千島列島から樺太あたりまでの遠征を行い、生涯を北方探検家として過ごした。アイヌ語・ロシア語に通じており、年齢は徳内が二十二歳も上ながら同じく東北人とあって、篤胤とは特に親しかったらしい。その三人が『千島の白波』の主たる情報源といわれている。

また、同書にはたとえば太陽はロシア語でなんというのか、月はどうか星はどうかなど、ロシア語の重要な単語百個ばかりの日本語訳もつけられ、当時のロシア国の国内事情にまでふれている。それにしてもなんのためにロシア語まで紹介しているのか、取材に手間もヒマもたっぷりかかったろうにと、感心させられる。それは篤胤の他の著書についても同様である。それこそ微に入り細に渡り、こんな些細なことまでモンダイにしなくてもよいだろうにと、感心というよりは唖然とさせられるほどである。とにかく篤胤にはやる以上は徹底的にやる、十あるうち他人が五か六で終わらせるなら自分は八か九、ときには十全部やってやる、というふうな著述姿勢が見受けられる。そのような著述の方向性に関し、篤胤の性格をある種の偏執狂と評するムキもある。その評が適切なのかはわからない、ただ東北の田舎からほとんど徒手空拳で上京し、なんのつてもバックもない無名の一青年が、日本史の教科書に載るほどの著名な学者にして思想人に登りつめたのである。尋常一様な性格ではなしうることでないことは確かではないだろうか。

なお当時は十一代将軍家斉の時代、しかも（家斉の）全盛期であった。『千島の白波』を世に出すことが可能であったという一事をもってしても家斉の開明ぶり、時代を超えた名君ぶりがわかる。ついでにいうと、出版や諸文化類の規制・統制が特に強化されるようになったのは家斉の死（一八四一）の直前あたりからである（江戸後期における最大的文化統制事件といわれる「蛮社の獄」は家斉死の二年前）。

『千島の白波』が実際にわが国の国防、北方の守りにどれほど寄与したのかはわからない。が、篤胤個人にとっては確実にプラス的効果があった。それによって当時の江戸社会において篤胤の文名が高くなったらしいことである。たとえば滝沢馬琴との交友である。馬琴は交友範囲が広くまた筆まめな人で、自家を訪れた文化人の名を克明に記録しているが、それには篤胤の名が二度も載せられている。

医師元瑞として再出発と自立

その『千島の白波』の時代、医業はなかば休業状態だったらしい。もう三十二歳、成人者の平均寿命が五十歳そこそこだった当時、中年にさしかかっているといってよい。篤胤は本腰を入れて医業に取り組もうとした。大壑、つまりいずれは大海に飛躍しようともくろみ、それまでの腰掛のつもりの医業がうまくいくほど世の中甘くないと、悟らされたのかもしれない。名も「元瑞」と改めた。元はものごとの始まりを意味し、瑞も瑞兆でもわかるようにめでたいという意味合いを有する。ゲンかつぎ旁々初心に帰って出直そうとしたものと思われる。住居も変えた。それまでは市中に店舗だけ借りてのいわば通いの営業であった。本多屋敷から独立し市中（京橋丸山町、現中央区）に妻子とともに移り住んだ。正吉として上京して以来、初めて構える独立家屋だったろう。

もちろん、学塾（真菅乃屋）もやめるつもりはない。新居にはその二つの看板を掲げた。当時、医師の能力は漢文で書かれた返り点なしの漢書（医学書）の読解力にほぼ比例するものだった。篤胤にはそれは十分すぎるほどある。元瑞医院はそれなりに繁盛したらしい。

医業を再開して二年、三十四歳のとき義父藤兵衛が病没し、家督を相続した。備中松山藩士五〇石とりの山鹿流軍学者平田篤胤の誕生である。家督を継いでしまえば、つまり家主になってしまえば医師との兼業はできない（家主の係累者だったらできる。また学塾だったらできる。収支目的ではない勉強会、学習会のようなものだからである）。

家督を相続して篤胤はおそらく、生まれて初めて真に独立し、自立したというような思いにも至れたのではなかったのか。それまで三十数年間、ほとんど常に他者に束縛され、もしくは規制されての人生であった。家督を相続したといっても、家業は軍学者である。当時は幕末維新の半世紀以上も前、軍学が役に立つ時代にはまだなっていない。篤胤と同様、武家の非嫡男として生まれ、長州藩の山鹿流軍学者吉田家の養嗣子となった松陰は、その軍学者として西欧諸国の軍備的情報を探るべく、国禁を犯して外国に密航しようとして捕らえられ、処刑死に至ったがそれば幕末維新の直前期（安政五年、一八五八）のことである。篤胤の頃はまだ世情もそれほど騒がしくはなっていなかった。家職（軍学）に拘束されることなく、自らの好む道を歩める自由があった。平田篤胤としての真の自立を考えたのではなかったのか。そしてそれは「国学」という荒野に踏み入ることであった。

第二章

時代は離散系へ

篤胤が世に出始めた江戸時代中後期、人はそれぞれ自らが属する集団や他者からの規制・統制などを特に受けることもなく、またその規制類を意識することもその必要もあまりなく、自らの個性なり特性なりをあるていど自由に発揮・発現して構わないというような、時代風潮に至っていた。そのように個々の存在もしくは個々物が、それぞれバラバラ的に思い思いの方向に至るようなことを、数学的には「離散系的社会」という。

日本列島動揺時代

その離散系的時代もしくは社会において、文学の分野でも新しい型式、俳諧が登場した。その分野における代表的人物といえる一茶の事蹟については先にふれた。一茶とあまりにも有名な松尾芭蕉（一六四四～一六九四）以外にも、当時ではその二人よりむしろ著名であった俳人もいた。まず寥太《りょうた》（一七一六～一七九一）である。次のような閑寂な句風で一時代を築いた。

「五月雨やある夜ひそかに松の月」。

寥太は身分は町人であったが、武士から俳人に転じた者もいた。信州上田藩士の次男白雄（一七三八〜一七九一）である。白雄は「春秋」という機関誌を発行して塾を開き、俳人としては日本史上最大的と称された門人を有していた。その数五千人ともいわれる。句吟行のさいは駕籠に乗り、門弟たちが総出で見送り、さながら大名行列のようだったと伝えられる。

以上は〝文〟の分野での個性発揮派であるが行動派もいる。つまり移動（旅）をすること自体に価値を認め、それを求めて渡り鳥的に旅を続ける〝派〟である。その代表とも言えるのが菅江真澄（一七五四〜一八二九）であった。真澄は駿河の国（静岡県）の人であるが、何を思ったのか青年期、信州姥捨《うばす》て山の月を見んがためといってフラリと旅に出、そのまま郷里には帰らず生涯を旅に暮らした。足跡は東日本ほぼ全域に及び、旅先の地秋田（角館、現湯沢市）で没している。

とすれば寥太、白雄はともかく著名な俳人でも歌人でもなかった真澄がその半世紀もの間、どのようにして暮らしていたかが疑問であるが、真澄は俳人でありまた歌人でもあった（名は中央にまで聞こえるほどのものではなかったらしいが）。その教養を生かし、行く先々で歌会・句会などを催していたのである。私の郷里は真澄が没した地の近くであるが、同級生の中には江戸時代以来の旧家・豪家もいた。かっては田畑合わせて数十町歩、下男・下女を多く抱えていたらしかったが（もちろん、その多くは戦後の農地改革のためなくなって、もしくはいなくなっていたが）家屋はそのまま残っており、建坪だけで百坪はあった。

その同級生家の奥座敷の一画に保存されていた短冊・色紙の束を見たことがある。昔は都会の文人を何日も逗留させ、土地の同好者も集めて歌会などを催していたと聞いた。実際、真澄の紀行記にはそのように地方の豪家などに何日・何十日も逗留し、その地方の同好者（歌人たち）を集めて歌会などを催していたとの記載がある。ともかく都会の文人・文化人を何十日も泊めてくれ、どころかおそらくは移動費くらいは餞別として都合してくれる文化的土壌が当時、東北の田舎あたりにもあったということである。その先縦者の一人が芭蕉であったことはいうまでもない。以上のように当時、有名無名の〝芭蕉〟が他にも少なからずいたのである。

宗教的布教が目的の行動派もいる。その代表といえるのが九州大隅（現宮崎県延岡市）の山伏寺の住職泉光院であった。泉光院は荷持ちの従者一人だけを連れて寛政期の丸々六年間（一八二八〜三四）、托鉢《たくはつ》だけでほとんど日本一周を果している。宗教的布教が目的の托鉢行であるから、一箇所に長くは逗留せずまた旅籠などには宿泊せず、今でいえば無銭旅行のようなものであった。その足跡は九州の一部と四国土佐を除いてほぼ日本全土に至り（蝦夷地にも渡っている）、当時の五街道すべてに及んでいる。行く先々では各家の門前に立って経を唱える。それで托鉢を受けながら移動するのである。大体は神社や社などに宿ったり、ときには野宿などもしたらしいが、もちろんそれだけではなく一般民家にも泊まったりもした。そのような旅人を受け入れてくれる文化的土壌も社会的余裕も日本全土にあったということである。その頃、泰平の世になって既に二百年、世は安定し世相・民情も向上してきたという社会的事情にもよるものだったろう。実際その足かけ七年間、泉光院一行は一度も盗難にも身体的危難にも遭っていなかったらしい。

さらに学術的行動派もいる。その一人が伊能忠敬（一七八二〜一八六三）であった。忠敬は元々は下総（現千葉県北部）の商家の生まれ、中年期に米の投機で大儲けした。その財をもとにして四十七歳で隠居し、江戸に出てまず幕府測量方に弟子入りして測量術を学んだ。その知識を得て以後十数年間、国内のほぼ全土を測量旅行した。総歩行距離約十七万キロ、地球四周分にも相当するといわれる。その測量旅行の結晶ともいえる『日本沿海図』を作製した（一八二八）。それは今日的に見ても正確なもので明治初期、英艦隊が来日したさい、日本海岸の深測図を作製しようとしたが忠敬作の同図の存在を知り、（同図の）正確さに驚き、自艦隊での測量を断念したと伝えられる。なお、忠敬は別の意味でも日本国家に貢献している。幕末時、英はまずアヘン戦争（一八四〇～四二）で中国を侵略した。その勢いで日本をもと企画し（そのためもあって日本海岸の深測図を作製しようとした）たが、『日本沿海図』で日本人の優秀さに眼を見開き、侵略ではなく友好に転じたと伝えられる。

一般民衆だって同様である。ただおとなしくお上からの指示・指令に盲目的に従っていたわけではない。ときには自己の欲求を十分どころか十二分にも発揮し、お上（幕府）にもそれを許容する度量もあった。その好例が打ちこわしである。江戸の町では民衆による集団での強奪・略奪的事件が時折発生した。大勢で豪商などの店や屋敷に押しかけて商品を強奪するのである。ただ、米など目指す商品類を略奪すると、それ以上の乱暴・狼藉的行為などはしない。家屋敷を破壊するようなことは一切せず、家人や使用人などに危害を加えるようなこともしない、という不文律のもとに行動する。たとえばその最大的事件と言われる天明期（一七八二頃）の打ちこわしである。当時の江戸の町における米問屋のほとんどが被害に遭ったと伝えられる。ただ、群衆は米以外の物品には一切手をつけず、もちろん人的被害は皆無的で、（群衆は）炉端の火さえ消して立ち去ったと伝えられる。幕府の群衆に対する処罰もそれほど重くなく、首謀者のうち死罪はゼロ、所払い一人（江戸の町を一時的に離れればよい。ほとぼりが冷めた頃に帰ってかまわない）、遠島一人（一年か二年で迎えの船が来て帰れる）の、わずか三人だけと記録されている。

ともかく篤胤が世に出はじめた江戸中後期、人はそれぞれ自らが属する集団や他者からの規制・統制などを特に受けることもなく、またその規制類を意識することもその必要もあまりなく、（自らの個性・適性を）あるていど自由に発揮・発現して構わないというような、時代風潮に至っていた。俳人与謝蕪村（一七一六～一七八七）はその頃の世相・世情に関し、次のような句を詠んでいる。

「稲妻や波もてゆへる秋津島」。

日本列島が新しい時代の波（その中にはそれぞれが自らの好む〝道〟を求めて蠢動《しゅんどう》する個々人が多数いる）に揺れ動いている、ということである。さすがに歴史に残る詩人はうまい句を詠むものである。ついでにもう一つ、その頃の時代風潮というよりは、そのように（自らの道を求めて）蠕動《ぜんどう》する個々人の気風を詠んだ和歌をあげておこう。

「祈りても果報などなし、わが分別を常にたしなめ」（『浮世草子』、一八〇〇年頃の一般庶民向けの人生論的教訓書）。

他力などにすがることなく、自らの能力・自力を唯一の武器、助けにして励めということである。実際その自力のみを唯一の頼りとして「国学」という大海に船出した一人が、本稿の主人公平田篤胤であったことは言うまでもない。

近代的合理思想の芽生え

江戸時代中後期、それ以前からの宗教からの規制といった他者・他律による統制や統御などに拘束されず、人間が主体となった〝理〟、つまり近代的合理思想の芽はまず新井白石（一六五七～一七二五）あたりから始まった。白石は五代将軍綱吉の顧問的学者として従来の武断的統治を、文治的なそれへの転換を主導したことで知られる。その基本的思想、もしくは統治方針は主著『読史余論』の「神は人なり」でもわかるようにまず当時、一般的風潮であり（一般に）流布されていた神話・伝説類を否定し、神々の所作などをすべて人間界のそれに引き戻すことにあった。実際、白石は当時「命、尊（どちらもみことと読む）」とされていた神々の古称を、たんなる男子に対する尊称であると規定し、古代神話に登場する神々とはすべて人間であるとした。その近代合理的感覚の結実の一つがイタリア人宣教師シドウイッチに対する尋問であったといわれる。

シドウイッチは宝永六年（一七〇九）当時のわが国の国禁を犯し日本に密入国した。まず種子島に至って日本語を覚え（片言くらいは話せたらしい）、さらに九州に渡った。捕らえられて江戸に送還された。その尋問を担当したのが当時、幕閣における最高的知識人とされていた白石であった。白石は当然、当時の世界情勢特に西洋事情などを質問し、そのほとんどを理解できたといわれる。もちろん近代科学的思想も地動説もである。ただ、キリスト教におけるアダムとイブの神話に対しては、「科学的合理思想を有する西洋人が、そのような荒唐無稽的神話を信奉するのは理解できない」との感想をもらしている。がともかく、白石は江戸中期における最高的合理主義思想家であったことは、間違いないらしい。

ただし、白石にも誤りがあった。「神は人なり」でもわかるように、あまりにも〝人間〟を強調しすぎたためもあったものと思われる。当時の神話・伝説類の多くを人間界のそれに比定しすぎ、たとえば「高天原（たかあまがはら）」とは筑波山のことであるなどとした（今日的には高天原とはたんに神々が住まいたまう天上界のことで、特定の地を意味するものではないとされているらしい）。さらに白石はもう一つ、古代神話に関するミスを犯している。やはり神話に登場する「天の浮橋」を、海上に浮かぶ戦艦であるとした。戦艦といっても今日のようなそれではなく、たんに大きな船というふうな意味らしいが、それにしても満足な工具などなかった時代、どのようにして〝大船〟など造れたのか。そのあたりが〝近代的合理主義者〟白石の限界だったのかもしれない。なお、白石は易を信じていたらしい。まさか筑波山も戦艦も易占いで決定したわけではなかったろうが。

近代的合理というよりは、近代よりもっと進んだ現代的合理思想もその頃、生まれている。〝合理〟の別の形での発現ともいえる〝利〟をもってむねとする商業の街大坂からである。江戸中期、八代将軍吉宗の時代、大坂で「懐徳堂」という民間人有志出資による学塾が誕生した。懐徳とは「論語」からとったもので目的はただ一つ、自らの徳を懐《おも》う（懐かしむ）つまり養うことで、それ以外の些事的学則のようなものは特にない。月謝は基本的に必要なく、払いたい者は自らの分に応じて適当に払う、払えない者は紙一束でもかまわない。入退室は自由、学則なども特になしという、規制・規定などによる拘束を厭う大坂人らしい学塾であった。そのような自主・自由の雰囲気の中から、現代にも通ずる天才的独創思想家が二人も生まれた。

まず富永仲基（一七一五〜一七四六）である。仲基の父は懐徳堂設立者五人の富商の一人で、醤油の醸造で財をなし、（仲基は）世間の雑事にわずらわされることなどなく、自らの学の創設・熟成に没頭できた。その結晶ともいえるのが「加上説」である（それをまとめたのが『出定後語』）。それは仏教発達史論ともいうべきもので、図解すると次図のようになる。

図でAという人がまずaの説を唱える。それを否定、もしくは乗り越えるため、次に出たBがb説を持ち出し、それを否定、もしくは乗り越えるためCはc説を持ち出し、さらにDはd説というふうに、仏説は時代が新しくなればなるほど古い装いをこらし（もしくは持ち出し）、自らの正統性を主張するとした、当時としては画期的、かつ独創的理論であった。なおその理論は現代的に検証しても真であるらしく今日、仏教の発達史は「加上説」で説明できるらしい（そのこともあり加上説は仏教発達史論とも呼ばれている）。

ようするに人間の思想の絶対性を否定し、すべてを〝相対〟の枠の中に閉じ込めたのである。当時どころか現代的にみても画期的かつ斬新的理論であるといわれている。が、惜しむらくは仲基はその理論一つだけを遺し、忽然として世を去った。三十一歳の若さで没している。

懐徳堂はもう一人後世にも伝わる近代的合理主義思想家を出している。山片蟠桃《ばんとう》（一七三四〜一八二一）である。蟠桃も若い頃懐徳堂で学び、その自由かつ合理の雰囲気・思想が身についたものと思われる。まず、合理をむねとする商業の世界で名を成した。実社会では仙台藩の御用商人として当時、破綻に瀕しつつあった仙台藩の財政を立て直した。さらに学問の世界では近代的合理思想家として「この世には神も仏も化け物もなし、不思議、奇妙なことなどさらになし。あるのはただ物と人のみ」（『夢の代』）とした。もちろん、仏教の地獄・極楽説やキリスト教の天国・地獄説などは妄説と切り捨てている。また『夢の代』とはこの世は一代限りの〝夢〟のようなものでしかない、というふうな意味らしい。

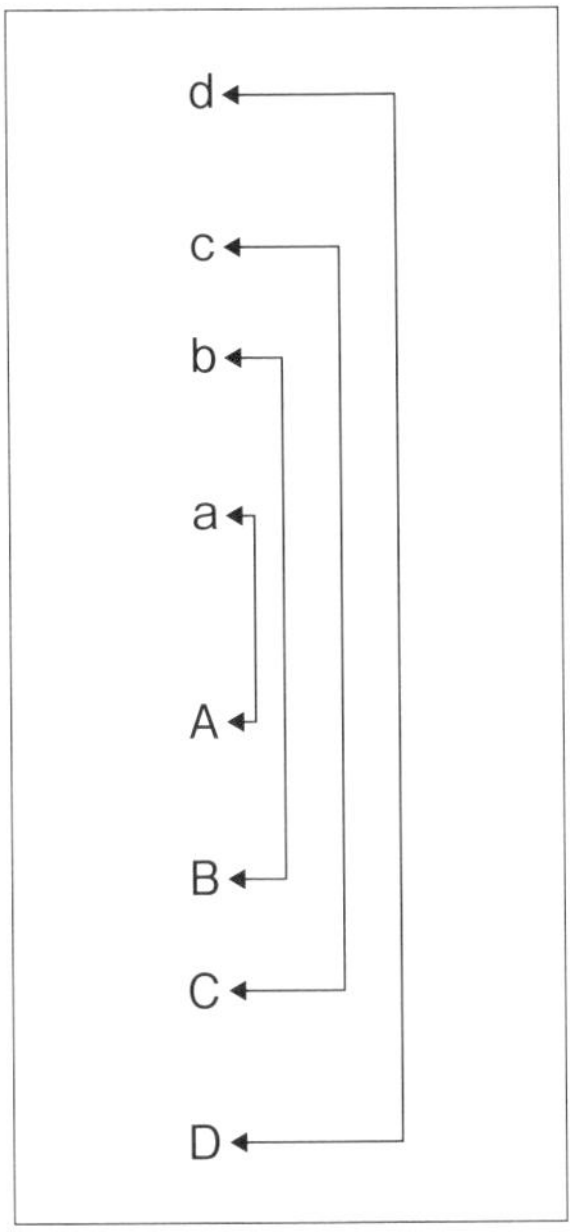

加上説図解

なお、明治期の独創的東洋史学者にして思想家、京大教授内藤湖南（一八五六〜一九二九）は、この二人に豊後（大分県）人三浦梅園（一七二三〜一七八九）を加え、近代日本が生んだ三人の天才的独創思想家と規定している。梅園は田舎住まいの一医師として他郷や中央などにはほとんど出ず、もちろん懐徳堂のことなど知らず、現代でいえば哲学を模索した。梅園はわが国における近代哲学の始祖ともいうべき存在で、その主著といえる『玄語』は私も読んだが、使用する用語が難解というよりは独創的にすぎ、内容はほとんど理解できなかった。たとえば〝理〟という用語一語だけの説明・定義だけに十数ページも費やしているというふうなわけで（どうやらそれは科学的合理のことらしいが）、それ以外にも「われわれがこの世に存在するとはそもそもいかなることなのか」というような、宗教哲学的命題に関してもその根源から問うというような、現代人にはとうてい読みこなせる代物ではない（私の理解力が不足しているためかもしれないが）。がともかく、時代をはるかに超えた天才的かつ独創的思想家であったことは間違いないらしい。

以上のように江戸時代中後期、近代的合理思想が芽生え、それに熱中する雰囲気があり、（熱中する）人物も少なからずいた。医師杉田玄白（一七三三〜一八一三）もその一人であった。杉田は西洋医学書『解体新書』の翻訳者であるが、同書のある一語（もちろんオランダ語）の意味がわからず、一週間ほど煩悶した。それがわかったとき「連城の玉」を得たような思いがしたと語っている。連城の玉とは中国の古書にある、いくつかの城と取り換えられれほどの価値がある宝玉のことである。がともかく江戸も末、明治新時代の夜明け前である。人各々が自らの〝連城の玉〟を求め、それぞれの立場で奮闘していたということである。

儒学の凋落と仏教の衰退

そのように江戸時代中後期、わが国に近代的合理思想が芽生えそして根付き、さらに大きく発展したのは当時、日本国全体が思想的にはアナーキー的状態にあったことと無縁ではない。というとこう反論するムキも少なくないのかもしれない。江戸幕府は儒学を正学とし、それに基づいて統治していたと、特に日本史関係の教科書あたりには書いていているではないかと。

確かにそのようにした。が、それは江戸時代初期まだ幕藩体制が十分に機能していなかった頃のことである。その初期のあたりは応仁の乱以来四〇〇年も続いた戦国乱世の時代がようやく終了し、世は安定と安静を求める時代に至った。そのような時代にあっては儒学の長幼の序を重んじ、それから転じた君臣の別などをむねとする、人間社会における「階層構造的思想」は、世の安定のためにはあるていど有効的であった。実際、幕府は創立時儒学を正学とし儒学者藤原惺窩《せいか》（一五六七〜一六一九）は家康の政治顧問とされ、その弟子の林羅山（一五八三〜一六五七）も同様の地位につき以来代々、林家の後継者は幕府の学問上の統括者とされ、今でいえば文部大臣のような職を継承している。ただし日本国全体の思潮からすれば江戸時代、儒学が民間一般の学問・思想の主流であったことは一度もない。

そもそも儒学には二種類ある。南宋時代の儒者朱子（一二〇〇年代）を始祖とする朱子学と、孔子・孟子（紀元前五〇〇年頃）に始源する原始儒学（古義学ともいう）である。幕府が正学としたのは朱子学の方である。それは当時（朱子の時代）、戦国乱世の時代であった中国社会全体の統治・統制のために生まれたといってよいような思想で、同様に徳川時代初期あたりまでの日本社会の統御のためには有効的であった。が、徳川も五代綱吉あたりからは世は安逸と安楽を求める時代に至っていた。それは朱子よりも一五〇〇年も昔の人、孔子・孟子を始祖とする原始儒学（古義学）の方がより有効的であった。原始儒学は原理・原則などより、こんな場合はこのようにするといった具体的事例などを列挙したもっと素朴なもので（さきにのべた〝渇しても盗泉の水は飲まず〟は原始儒学の方）、朱子学よりももっと日本人の感覚に合った特性を有する。

実際、そうである。江戸時代初期、わが国を代表する儒学者が何人か生まれた。そのほとんどは、特に幕府の役人ではない民間の儒学者は朱子学者ではなく、幕府が異端とした原始儒学者（以後古義学とする）である。その代表が江戸時代を通じて、というよりは日本思想史全体においても燦然と光り輝く巨星伊藤仁斎（一六二七〜一七〇五）であった。

仁斎はもちろん学び始めは朱子学から入った。二十歳ころには朱子学の主たる経典類のほとんどを修められた。朱子語類全一三〇巻のおおよそを暗誦できるほどに至ったらしい。がどうしても朱子学にはなじめない。違和感がある。そのような感覚的差異に悩み十数年間も煩悶が続いた。その間、自室からほとんど出ず、今でいえば神経衰弱一歩手前的事態にも至ったらしい。なお伊藤家は京の裕福な町家で、跡取り息子の仁斎が自室に籠って自由に（？）煩悶できる経済的余裕があった。そのような苦悶の主たる原因は、朱子学特有の建前や原理原則を重んずる思想が、日本人にはしっくりこない、違和感があって感覚的になじめない理解できない、というあたりにあったといわれる。十数年間ものそのような煩悶のはて、三十五歳のときようやく解脱に至った。それは孔子・孟子時代のより素朴な儒学、原始儒学に還ることであった。以来仁斎は自室に「古義堂」との看板を掲げて門弟をとり、古義学を講義して一生を終わっている（古義堂は現在も京都市右京区に残っている）。

以上のようなこと、つまり朱子学と古義学との乖離《かいり》に悩み、そのはてに古義学に還っているのは、仁斎に限らず幕府の御用学者以外のわが国の著名な民間人儒学者は、ほとんど同様である。山鹿素行にしても山崎闇《あん》斎にしても朱子学者ではなく、原始儒学を日本人向けにアレンジした変形的、もしくは折衷的儒学者といってよい。なおヘーゲル（一七七〇〜一八三一）は『歴史哲学総論』の中で、「古来、支那では一人の帝王が頂点に君臨して統治する専制的国家であり、階層構造的国民性を有する」と規定している。そのような国民性のもとでは君臣の別、長幼の序を重んずる儒学は有効でも、四民平等的思想をむねとする日本人には感覚的に合わないのである。

なお、朱子学だけでなく原始儒学も日本人一般の感覚・感性にそぐわない理由の一つに、儒学全体の特質ともいえる「玩物喪志《がんぶつそうし》」もあるといわれる。物や道具などよりそれを支配する人間の〝志〟や〝理〟の方がより重要という思想である。実際、今日では本場中国より儒学・儒教的思想・風潮が濃厚に残っているといわれる韓国社会の一般家庭では、相当の富家でも日本人全般に比べて〝物〟や〝道具〟が驚くほど少ないらしい。われわれ日本社会ではそうでない。よほどの貧家でも〝物〟〝道具〟があふれている。貧家（というほどでもないが）我が家でも背広類が何着あるか、十着ではきかない。礼服も夏・冬別々で四・五着。老夫婦二人だけの家計なのに鍋釜食器類は三、四家族分ほどもある。書籍類は商売道具のようなものだから仕方ないが一時は五千冊あまり、家人から家が壊れると悲鳴が出て、そのほとんどを当地の図書館に寄付し、参照する必要が出たらかって自分が保有していたその本を図書館から借り出して使っている。

江戸時代を通じ没落、衰退的事態に至ったのは仏教も同様である。元々仏教が有効・有用的であったのは、戦国乱世時代あたりである。その頃は乱世に生きる人々のための、つまり現世は乱れすぎていて安逸できない。それなら来世をと極楽浄土思想、未来志向的特性を有する仏教は有用的であった。が、徳川の安定期が百年二百年と続き、来世よりむしろ現世をと、仏教も衰退的事態に至ったのである。

江戸時代、仏教が衰退的事態に至った他の理由もあった。中世期以来、寺とは一般民衆向けの学塾のような役割を果たしていた。実際、ほとんどの寺社は一般民衆の特に幼少年者を集めて読み書きそろばんを教えていたものだった。〝寺子屋〟という名の興りである。それが徳川の安定期に至り、よほどの田舎でも専門の教師による本物の〝寺子屋〟が続々と誕生し、同時に仮の寺子屋も、その本家本元といえる寺社も仏教そのものも衰微的事態に至ったのである。

さらに各寺々は今日でいえば一般庶民階級者向けの市町村役場的役目を果たし（一般庶民が関所を通って他領に移動するさいに必要な身分証明書類は寺が発行していた。武士階級者に対しては藩庁がそれを行う)、僧侶は準公務員のような身分にあったことである。実際、寺社は格に応じ五十石、百石など安定した給与を保証されていた。そのためもあり、僧侶は本来の任務である仏説の研鑽・布教的行為がおろそかになり、仏教そのものも衰退的事態に陥ったのである。なお明治新時代に至り、寺社も武士階級者と同様に秩禄処分となりその安定的給与が一挙にゼロとされ、廃寺になる寺が続出した。その数一万寺を下らないといわれている。

近代学としての国学の誕生

本書はもちろん、国学における四大人(とするのは異論もあるが、それについての詳細は後述する)の一人平田篤胤の生涯とその事蹟を、その頃の時代風潮などと関連づけて叙述することを目的とする。が、平田学、さらにその先人といえる著名な国学者たちの事蹟を調べたさい、意外に思ったことがある。国学とは日本人に特有の学、日本人だけが関係する学である。したがってその起源は日本民族発祥の頃とまではいかないまでも、相当に古い時代、たとえば「日本」という国家の制度があるていど整った奈良・平安時代あたりに起源する学、というふうに考えていた。ところがとんでもない。奈良・平安どころか鎌倉・室町も過ぎ、戦国・乱世も飛び越え、江戸時代初期あたりに起源を有する〝学〟であるらしい。実際、国学の祖といわれる契沖(一六四〇〜一七〇一)が生まれたのは徳川三代将軍家光の時代、国学者として世に出たのは一六八〇年代、五代綱吉の時代あたりからなのである。

なお、契沖は元々は京の真言寺の僧侶、国学上の事績は万葉集関係の解読に限定されるらしい。万葉集といえば百人一首にも何首か採用されており、現代人にもなじみが深い。ただ、原文は現代人はもちろんのこと江戸時代人にもほとんど読めず、したがって理解も難しいものである。たとえば次の〝歌〟である。

「士也母空応万代幽継加名不立応而」。

これを「おのこやも空しかるべきよろず世に語り継ぐべき名も立てずして」、と読める読者どころか現代人は、ほとんどいないのではないだろうか。もちろん私にも読めない。ただ、同歌の古訓、つまり契沖以前の解釈はこうではなかった。契沖以前は「士」を「人ならば」と詠んでいた。たんに〝人〟とするのと〝おのこ〟では、含む意味が全くといってよいほど違う。

〝人〟では一般人、ごくふつうの人という意味であるが、〝おのこ〟では「慷慨の志を有する人物」となり、含む意味の重さが違う。天と地ほども違うといってよい。この歌の作者は山上憶良《やまのうえのおくら》（六六〇～七三五）。憶良といえば万葉集の「瓜食めば子供想ほゆ、柿食めばましてしのばゆ」の貧窮問答歌で知られる（実際はそれほど貧窮的でもなかったらしいが）。元々は学問の分野では超がつくほどの秀才、その才を見込まれて唐に二年間も留学した。当然、同地では先進国（当時）唐の文物・制度・学術を学び、後進国日本の益にとの意気込みで励んだものと思われる。が、帰国してみると与えられた官位は従五位下、役職もいまでいえばせいぜい文部省の係長ていどの地位でしかなかった。憶良歌の真意はそのような慷慨の志を有しながらそれを果せず生涯を終わってしまうのか、との感慨までこめての「おのこ」であったものと思われる。もちろん契沖は以上のようなこと、つまりその〝おのこ歌〟を作った当時の憶良の境遇や心境などは、「契沖は証拠なきことを言わず」（当時の契沖に対する学界一般の評価）ではないが、承知していたものと思われる。

なお、契沖は一般に国学における四大人から除外されている。が、筆者には「士」を「おのこ」と訳したという一事だけをもってしても契沖を国学、つまり日本人的精神を追求する学問の祖の一人としてかまわない、というよりはむしろそうするべきと思われるが、どうだろうか。ついでにいうと契沖はそのよう

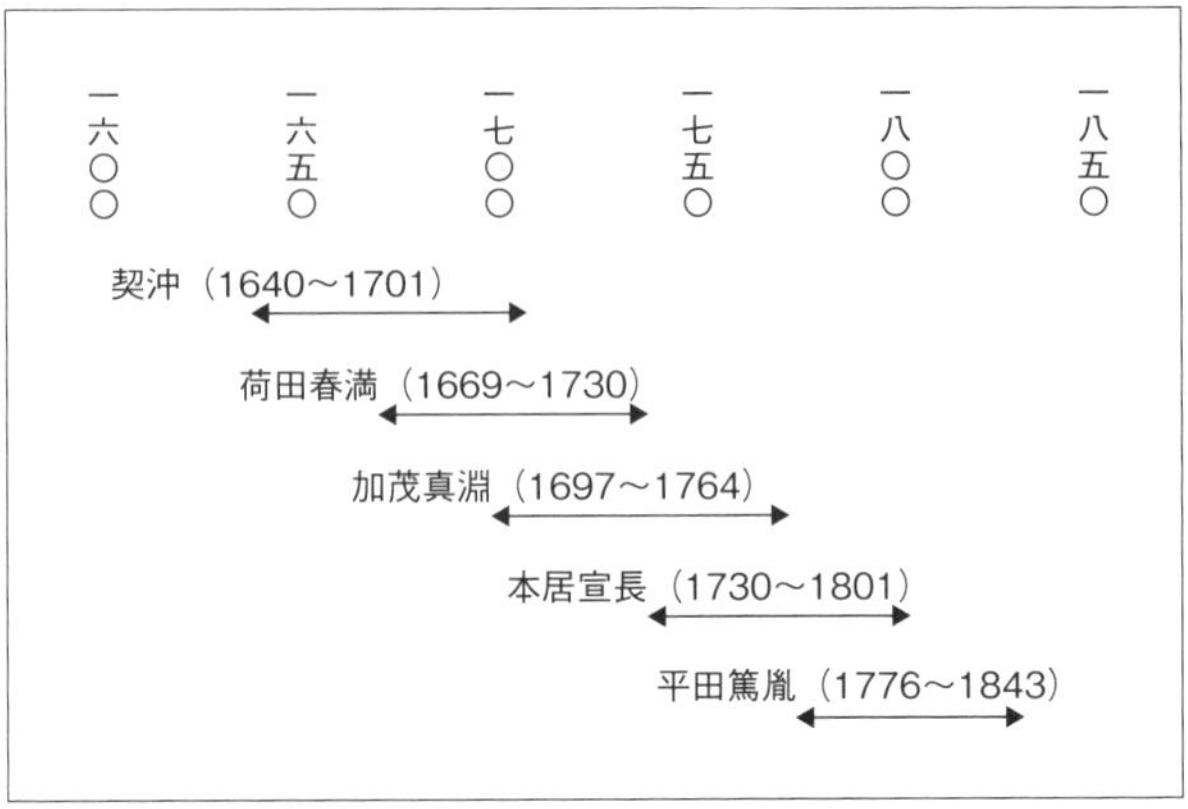

国学における五大人の生年期間

な〝国士的志向性〟を評価されてのことだったろう。同様に国士的気概を有する水戸光圀《みつくに》に学師として招聘されたが断り、生涯を京住まいの一学僧として終わっている。

ただし一般には国学は契沖を除いて荷田春満《あずまろ》（一六六九〜一七三六）から始まるとされている。春満は国学を概念的に定め、つまり歌学から独立させ（契沖の例でもわかるように、国学は当初は歌学の一分野的位置づけであった）たことで、国学の実質的祖とされている。元々は京の伏見神社の神職。神道・仏学・史学・文学（歌学）に詳しく、博識学者であったらしい。

次が春満の弟子、加茂真淵（一六九七〜一七六四）である。真淵は古事記、日本書紀などから漢臭・儒臭・仏臭を排除し、真に日本人的精神をもってそれらを解読したことで知られる。ついでに言うと前記「士やもむなしかるべき」でもわかるように、それら古文書の原文は現代人にはもちろんのこと江戸時代人にもまず読めず、（江戸時代人向けに）やさしく書き直すだけでも一仕事なのである。

なお、真淵は浜松（静岡県）の加茂神社の神官であったが、江戸に出て学塾を開いた。当時は江戸も中期、徳川も八代吉宗、九代家綱、十代家治と安定期に至っていた。学問、それも国学でメシが食える時代に至っていたということである。（それまでは江戸に限らず日本全国ほとんどの地で学塾は漢学、もしくは儒学のそれしかないようなものだった）。そのこともあり、真淵は国学における実質的祖とされており、その学風は四代目本居宣長にそのまま伝えられた。二人の年代は三十年ほど重なっている。宣長は真淵に面会し、正式に師弟の礼をとっている。なお、真淵は神職の出ということもあり万葉調の歌は評価したが、古今・新古今の特に恋歌には反発したらしい。生涯恋歌は作らなかったと伝えられる。また宣長は師真淵に自作の歌を送り、添削してもらったりしていたが、真淵の評は常にこのようなものだったと伝えられる。「君の歌は一応の筋道は通っている。が、面白みがない。歌というものは天空を飛翔するような高揚感も必要である」。宣長は所詮は「理」の人、「情」の人ではないということなのかもしれない。ついでにいうと篤胤も歌に関しての意義は認めており、それに触れた理論書（「歌道大意」）もあるが、実作についてはそれほどの実績は遺していない。なお、宣長・篤胤の国学上の事績・業績に関しては後に詳述する。

以上、わが国の国学において画期的業績を遺した五人の人物について、生きていた年代を上表にまとめておく。なお、一般的には契沖を除いた他の四人をわが国の国学における四大人（よんうしと読む。うしとは古代における男子に対する尊称である〝ぬし〟から転じたもので、同様の意味を有する）としているが、筆者には契沖も「士」を〝ひと〟ではなく〝おのこ〟と解釈したという一事だけをもってしても、国学の祖の一人としてかまわない、どころかむしろそうするべき思われるが、どうだろうか（そのようにすると五大人（ごうし）となって語呂が悪いが、その場合は四大人プラス異端一人とする。その異端とは篤胤のことであるが、篤胤がなぜ異端なのかも後述する）。

江戸の出版事情

このあたりで篤胤が世に出た当時、つまり江戸後期（文化・文政期、一八〇〇〜一八三〇年頃）の文化・社会的状況をみてみよう。まず、篤胤に最も関係が深い本とその出版についてである。

当時、出版方法は次の三種類あった。

①　今日のように活字になった文字を拾って（ただし、金属製ではなく木製）一枚の型枠の中に並べ、それに墨を塗り紙を押しつけて文字の部分だけ浮かす。活字本といった。

②　文字を一字一字別個に造るのでなく一枚の板に彫り込み、それに墨を塗り紙を押しつけて文字の部分だけ浮かす。整版本といった。

③　たんに原本から手書きで書き写す。書き本もしくは写本といった。

このうち最も手間がかかるのは①である。文字を一字一字別個に作るのであるから、よほど慣れた職人でも一日でせいぜい百文字くらいしか作れない。しかもあまり字画の多い漢字も作りにくい。当然出版費用もかさむ。というわけで①による出版は江戸時代（もちろんそれ以前にも）あまり一般的ではなかった。日本人は器用だから①に代わるより簡便な方法を考え出した。つづり文字である。それだと文字が連続しているから一枚の板に彫り込むことができる。慣れた職人になると一日で十ページ分くらいは彫れたものらしい。版本もしくは整版本といった。なお江戸後期、瓦版といって今でいう夕刊フジや日刊ゲンダイのような夕刊紙があった（ただし一枚だけ）。つづり文字が発明されたため、一枚の紙面に掲載される程度の文字は一晩で作れ（彫れ）たのである。

それでも②は文字を一字一字木板に彫り込むのであるから、現代より作る手間も費用もはるかにかさむ。したがって②による出版は売れっ子作家や大きな宗教団体、幕府や藩など公的団体くらいしか縁のないものだった。

③はそのものずばり、原本をそのまま手書きで書き写すのである。江戸時代を通じほとんどの出版物はこの写本（または書き本）である。だいたいは教養のある武家の婦人たちの内職であったらしい。一冊、今日でいえば二千円ていどでできたらしい。なお、江戸時代を通じてほとんどの本は③であったのは、当時の検閲事情にもよる。八代将軍吉宗の時代、次のような出版条例が発布された。それまでもいくつかの出版に関する同様の条例が出されたが、いずれも大まかなもので細部まで踏み込んだ（出版関係の）条例としては初めてといってよいようなものだった（一七二二、享保七年）。

（一）学説は通説のみに限る。
（二）他者の家系に関する異説は禁止。
（三）奥付きには著者名と出版元の名を記す。
（四）徳川家に関する書籍は禁止。

以後、百数十年間幕府は何回か同様の条例を発布したが、大体はこれの時代に合わせての改定のようなものである。ただしこの条例には抜け穴もしくは抜け道があった。以上は版本、つまり前記①②の方法によっての出版物にのみ適用され、③には及ばないのである。③は出版物というよりは個人的手紙のようなもので、公的権力の管轄・関与の対象にはならない、ということなのである。実際、篤胤の二作目の著書である『千島の白波』は幕府に関する相当の機密的情報も記載されている。〝個人的書簡〟であったから、それが可能だったのである。

もちろん、③による出版はあまり大部数は作れない。ただ、当時は人口が少なかった。江戸の町全体でもせいぜい百万人。その中で読書人はさらに少なく、また特定の分野に興味を有する同好者となるとさらに少ない。加えて、その少ない読書人でも同好者同士が少数の本を回し読みするのが一般的であったから、かりに百冊ていどの書き本でも、それを必要とする、もしくはそれに興味を有する階層にはだいたいは行き渡っていたものと思われる。以上のようなわけで当時、つまり江戸後期は今日とそれほど変わらないくらい、というよりは書き本にすれば検閲などは全く受けなく、また名誉棄損罪などはなかったから、むしろ今日以上に出版の自由があったといえる。

なお、書き本以外の正規の出版物の値段であるが、それはやはり手間がかかる分、今日のそれより相当に高いものだった。その江戸後期、相州（神奈川県）から江戸に訴訟関係の陳情に集団できて一か月ほど（江戸の旅籠屋に）滞在した町人一行が、徒然に各自書籍を購入した記録が残っている（『江戸の訴訟』〈岩波新書〉）。それによると（いずれも現代的価格に換算）、『鎌倉年代記』一万円、『道中記』六千円、『有司武鑑一覧』三千円と、やはり相当に高い。なお『有司武鑑一覧』とは幕府の役人名と、それぞれが担当する職務とが記されているもので、一行はなにかの陳情に来たのであるから、その（陳情の）相手を知る必要があったものと思われる。それにしても陳情の相手まで公開しているとは、当時の政権者の情報公開度は現代よりむしろ進んでいたといえるのかもしれない。

篤胤と宣長（一）――異端と正統

人それぞれがそのように自らの個性、もしくは適性に応じ、各々の〝道〟を模索していたその江戸時代中後期、わが国の思想界・国学界に屹立していた二人の巨人がいた。本稿の主人公平田篤胤と本居宣長（一七三〇～一八〇一）である。その二人の思想・信条・研究手法などを比較し、当時の時代風潮と篤胤の学風などを浮き彫りにしてみよう。それはまず二人の古代に関しての主たる参照文献の違いに現れている。宣長のそれは『古事記』であり、篤胤は『日本書紀』であった。その二書はそれぞれ次のような特色を有する。

『古事記』……稗田阿礼《ひえだのあれ》という巫女が宮廷に伝わっていた伝承類、古記録類を暗誦しており、それを口述し、官人大安万呂が記録として残した。そのこともあり年代の正確な記載や氏族名など固有名詞の記載もあまりなく、史書というよりは伝承物語（言い伝え）に近い。江戸時代になって宣長が注目するまで一般にはあまり知られていなかった。日本風漢文で書かれている。なお稗田阿礼が女性であると初めて言った学者は篤胤である。

『日本書紀』…官撰の歴史書。大勢の官人が寄り集まって編集した。天皇の紀ごとに巻があり、年代も表記されている。さらに天皇即位以前、神代に関する記載もある（古事記にはない。古事記は人代以後に関する記載だけ）。成立時から一般にも流布されており、当時の教養人、身分ある官人のほとんどは読んでいた。紫式部も愛読しており式部は〝日本紀（日本書紀はそうも呼ばれていた）の局《つぼね》〟といわれていた。当時、交流があった唐の国を含めて東アジア諸国にも伝わることを意識して『日本』と冠されている（古事記には〝日本〟という冠称などはない。たんに古事記）。

ようするに宣長は〝物語〟つまり、文学書を通して古代人の心、日本人の精神の源流的状況を探ろうとしたのである。さらにその研究方法はあくまでも正統的なものだった。いきなり古代人の心といっても、宣長の時代と古事記の時代とでは千年以上もの年代の差がある。うまくいくわけはないと、順を正確に追っている。まず新古今・古今、ついで源氏・歌謡物語など王朝時代の各種物語類、さらに万葉集、最後に目指す古事記と新から古へと少しずつ時代を遡っていくという研究手法であった。もっとも同時代人の上田秋成（秋成が四歳下）には、いくらそのように順を追ったとしても千年も昔の人の心などわかるわけないと、からかわれているが。なお秋成はどうせわからないのは同じだからと『雨月物語』など、怪異物語の世界に至ったと伝えられる。

一方、篤胤は違った。順など踏まずいきなり目指す対象に踏み込んだ。最初から『日本書紀』に取り組んだ。宣長のようにじっくり時間をかけ、順を辿って対象を追い求めていくというような経済的余裕がなかったこともあったろう。なお、篤胤は生涯を通じ経済的労苦の連続であった。逆に宣長は全生涯、金銭的苦労などまずしたことがなかったという違いによるものだったのかもしれない。当然、篤胤の学風にもそれが反映し、自らの好む、もしくは自らの信条に沿うような事項をつまみ食い的に漁る、というような研究方法に至った。あるべきはずという〝理〟がまず先行し、その理にかなったもしくはかないそうな事項を寄り集めたりして自らの学風を構成する、というふうな研究方法であった。学者というよりは思想家的研究方法、もしくは考察手法といってよい。

その結果、国学における最も基本的かつ重要的研究課題ともいうべき「日本人の精神の源流的状況、もしくは日本人とはそもそもいかなる心性・信条を有する民族なのか」という命題に関し、篤胤はこのように規定した。まず非現実性である。他界観といってよいのかもしれない。日本人とはこの世以外にも〝他世界〟〝異世界〟のようなものの存在を信じ、それを意識して暮らしている人種であると、規定した。さらにそのような世界観にかないそうな事項を日本書紀や帝紀、旧辞記など古記録類などから恣意的に拾い集め、その自らの〝説〟を補充したりした。学者というよりは思想家・宗教者的手法といってよい。自らの信条というものがまずあり、それに適合しそうな事項をランダム的に漁るようなものであるから。しかもそれら事項を一部改竄《かいざん》とまではいかないまでも、自己流に解釈したりもした。またその論述にあたっては極論をことさら強調したり、卑近なたとえ話などを交えたりもした（そのようなこともあり、大山師、大衆講釈師などと呼ばれたりした）。

一方宣長の方はあくまでも高踏的、学者風であった。篤胤のように〝他界〟といった宗教哲学的命題などには踏み込まず、日本人の精神の源流的状況に関しては、「（日本人とは）万物・万象の際立っている事項に関し素直に〝あっぱれ〟と感動する存在である（その〝あっぱれ〟が〝あはれ〟に転じ「もののあはれ論に至る」）」と規定した。さらにその論述方法に関してはあくまでも正統的、学者風であった。極論を排し温順的論法であった。それは両者の置かれた境遇の違いによるものだったのかもしれない。篤胤はとにかく結果を早く出さなければ世に浮かぶことが難しい単独行者である。一方、宣長の方はもう世に浮かんでいる、というよりは世に浮かぶか沈むかなど意識する必要がない、高踏的遊民のようなものである。そのような違いもあったのかもしれない。

ただし、宣長の本心・本音はわからない。宣長といえば戦前の教科書には例の「敷島の大和心を人問はば、朝日に匂う山桜花」の歌とともに、文人風の装束で山桜を賞でている肖像画が載せられていたことでもわかるように、温順な学者というようなイメージがあるが、そうとも限らない。結構、激しいところもある。たとえば宣長の主著の一つ『馭戎慨言』（からおさめのうれたみごと、と読む）である。それは中国人を〝馭戎《がいじゅう》〟つまり西方の野蛮人と規定し、蒙古来襲の失敗は神風が吹いたためではなく、たんに野蛮人が文明人（日本人）に敵わなかっただけにすぎないと論断したもので、結構激しいところもある。どうも宣長には都会人（当時宣長が居住していた松坂（現三重県）は最先進的都会であった）特有の二面性、もしくは多面性のようなものがあるような気がする。死ねば身体はみなゴミになり、魂は真っ暗闇の地底界に墜ちると規定しながら、自らの死にあたっては墓所に桜の木を植えさせたり、棺に入れるさいの自分の装束はこうしてくれなどと細かく遺言するなど、どうも宣長の言動は素直には受け取れない。

そこへいくと篤胤は単純である。死後の世界を信じていたらしいが、死にあたっては特に遺言らしいものは残していない。たんに自らがかつて居住していた江戸の方角に向けて葬られただけである（篤胤は郷里秋田で没した）。

篤胤と宣長（二）——理系と文系

篤胤と宣長の方向性の違いはまだある。その中でも重要なものの一つは理系的人間（篤胤）と文系的人間（宣長）の差異ではないかと思われる。後者は〝文〟、すなわち文章によって書かれた事項などを自らの拠って立つ基盤とする。したがって文献を信用する、というよりは文献によって〝事実〟を証明しようとする。宣長が三十数年間、目標を『古事記』一つにおいて古事記を見据えて他の諸々の文献を渉渉したことは知られている。一方、理系的人間は〝文〟よりも具体的事実を重視する。が、事実はいつもいつも見つかるわけではない。そこで事実〝らしい〟ことをつなぎ合わせたりする。ときには自らの創見的事項も事実の仲間入りさせたりする。篤胤に対する評価が常に二面性（評価するとしないのとの）を有するのはこのためである。

その反篤胤派の急先鋒の一人が宣長の高弟城戸千楯《ちたて》（一七七八～一八五四）であった。城戸は篤胤の学風とその帰結としての（篤胤の）諸々の学説を認めず、どころか「大山師」とまで決めつけている。篤胤の論述方法、つまり具体的事実（文献に記載されている事項など）にあまり拠らず、自らの創見もしくは創造的事項などを交えたりして論述したりする、というような方向性を難詰したものであることは言うまでもない。

一方、文献派はそのような批判は受けない。文献に書かれているという〝事実〟があるからだ。かりにその〝事実〟が間違っていたとしても、批判されるのは引用者ではなく、その事実を書いた先蹤者の方である。引用者が批判されることはまずない。また、そのように文献に書かれているという〝事実〟がなければ、もしくは見つからなければあえてそのような事項には触れなければよい。

そういった姿勢の違いが最も顕著に現れたものの一つが、両者の「神代の時代」に関する対応であった。宣長が主たる参照文献とした『古事記』には人代以前、つまり神代の時代に関する記載はない。したがって宣長は神代の時代に関しては特に論考などしていない。ただ（文献に書いていないから）わからない、としているだけである。一方、篤胤の方は神代の時代から人代、つまり日本民族が形成されるまでの過程なども長々と論考・論述している。その多くというよりほとんどは（一応は日本書紀や旧辞記など古記録類も参照しているが）、篤胤の創見であり、独創である。篤胤のいわゆる古史三部作（『古史伝』『古史徴』『古史通』）は、いずれもそのような方向性のもとに著述されたものである。

両者の世界観、もしくは死後の世界に関する認識の違いも、そのような方法論の差異によるものといってよい。篤胤は主著『霊の真柱』の中で人間は死後、魂は霊魂になって（生前の事績などによって）次のように二方向に至ると規定した。

（一）善魂はこの世に留まって生者を見守っている。ただし、生者からは見えない（生者の近くの神社などにいる)。

(二) 悪魂は真っ暗闇の地底界に堕ちる(もちろん生者からは見えない。真っ暗闇だから)。

一方、宣長の死後観はこのようなものだった。

(三) 死後、身体はすべてゴミになり、霊魂などは真っ暗闇の地底界(宣長はそれを夜見の国と規定している)に堕ちる。

ようするに宣長論は、死後のことなど確固たる文献には書いていないからわからない、したがってどうでもよい、ということである。ただし、篤胤説については具体的〝事実らしい〟ものもないでもない。その一つが宣長の高弟服部中庸(一七五六〜一八二四)が主唱した『三大考』である。三大考とはこのわれわれが関係する世界は全体として現世、天界、地底界の三界から成り立っているとし、その三界をそれぞれ地球(現世)、太陽(天界)、月(地底界)に比定した。地獄・極楽論、もしくは天国・地獄論のある種の変化形、もしくは応用編といってよい。篤胤の幽冥観とは人は死後、霊魂は生前の事績によって天界的世界と地底界的世界の二方向のいずれかに至るとした、服部説のさらなる変化形といえる。その詳細については次章で稿をあらためて論ずる。

なお、前述した近代的合理主義者にして大坂商人山片蟠桃は三大考に関し、「努力すれば宣長ていどの智者にはなれるかもしれない。が、三大考を信ずるようなバカにはどう頑張ってもなれそうもない」と、一蹴している。篤胤説については特に論評したという話は伝わっていないが(両者の生年は二十年ほど重なっている。篤胤が年下)、『霊の真柱』は当時、相当な反響を受けた書であるから、多分読んではいたと思われる。おそらくは「バカバカしくて真面目に相手にする気にもなれない」というようなものだったに違いない。

　ただ、宣長にしても篤胤にしても、その考証・論述方法等は異なっていても、目指す方向性については一致していた。その頃、近代の夜明け前、諸外国の圧力が次第にわが国にも押し寄せつつあった。そのような時代にあって、またその種外圧に備えるためもあり、そもそも日本人とはいかなる思想・信条・感覚を有する民族なのかが問われていた。そのような問いに対する篤胤（宣長）なりの解答の一つなのであった。

　とすれば外圧に対応・対抗するためなら千年もそれ以上も昔のことでなく、その時代（江戸時代）人のそれを考研する方がより適切ではないかと思われるかもしれない。が当時、それは望めないものだった。江戸時代、同時代（徳川時代）の思想・志向性・時代風潮等々に関する考察などは控えるという、学界・言論界における暗黙の不文律があったからである。当時のそのような事項に関する考察では、必然的に幕政批判にも至らざるを得ないからである。

第三章　国学という仮泊地

文化六年（一八〇九）十一月、篤胤は義父藤兵衛の死とともに家督を継承し、山鹿流軍学者というよりは、（山鹿流）思想家として人生における何度目かの出発点に至った。当時は明治維新のわずか半世紀ほど前、世相も世情も混沌《こんとん》としており、騒然としていた。その頃、篤胤は三十代の半ば、人生において人間的エネルギーが最も充満している時期である。篤胤も同様、自らのその旺盛な知的・体力的エネルギーを最大の武器として、明治維新一世代前の国学界という混然としていた大森林の中へ踏み込んで行った。特定の師もなく同行の友もいない全くの単独行動であった。

大衆講説師

家督を継承した頃、篤胤は「真菅乃舎《ますげのや》」という学塾を主宰していた。篤胤一家が間借りしている本多屋敷にではなく、町中に一軒家を借りてである。当時、国学という表現はあまり一般的ではなく、日本古来の学術を総称して〝古学〟といっていた。その古学の中に歴史・思想・文化・歌学等々がある。それらを総合して学ぶ塾ということである。その真菅乃舎におけるある日の授業を覗《のぞ》いてみよう。内容は「歌学大意」であった。大意、つまり歌（和歌）を作るさいの基本的心構え、実際の要領などについての講説である。まず、次のような総論を言った。

「歌を作る以上、千載集・後拾遺集といった雲居の人たちにまで評価されるような秀歌を目指すべきである。その志を笑うのは、千匹の鼻欠け猿が一匹の鼻あり猿をおかしいとけなすようなものである」。千載集・後拾遺集とは勅撰和歌集、つまり朝廷における専門の審査官が選定した後世にも伝えられる秀歌集である。さらに一般論としてこうも続ける。

「もののあはれを知るために恋をせよとは俗論。そんなことをしなくても秀歌は作れる」。ようするに作り物語的歌はいけないということである。歌とはなによりもまず、作者の真情がこめられていなければならない。その真情さえあれば、もしくは表現できさえすれば秀歌にも名歌にもなれる。逆にいえばそのような真実の情のようなものがない作為的な歌は駄作にすぎない、ということである。さらにその真情がこめられている秀歌の具体例をあげる。たとえば承久《じょうきゅう》の変（一二二一）のさい、上皇方の使者として北条方に赴いた僧鏡月坊の辞世の歌である。

「勅ならば身をも棄てき武士《もののふ》の、八十宇治川の瀬には立たねど」（使者はそのまま敵陣営に人質として留めおかれ、和平条約が結ばれても自軍がそれを守らなかった場合は殺されたりする危険な役目である。が、勅（天皇の命令）であるから仕方ない。自分の一身などどうなってもよい。ただ臣下として勅命を奉じて来た、という意味）。

承久の変とは後鳥羽上皇が王権の復活を目指し、鎌倉幕府の討滅を計って蹶起《けっき》し、幕府方の北条軍と戦った乱のことである。なお、幕府側の総帥泰時は鏡月坊の志を賞で、また同歌の出来映えを評価し、（鏡月坊を人質になどせず）無事に帰したと伝えられる。ともかく歌詠みとはこのような非常時にも咄嗟的《とっさてき》に真情がこめられる歌を作れるように精進するべきであり、それができるのが真の歌詠みであるということである。また鏡月坊の秀歌のためばかりではなかったろうが、乱鎮定後、敗軍側の上皇方から死者は一人も出ず、後鳥羽上皇も隠岐に流されただけですんでいる。

総論はさらに続く。歌学に限らず何事も唐風を善しとし、和風をその下におきたがる当時一般の風潮をいましめ、「唐の国の詩聖といわれる白楽天が日本国にも唐風の詩道を広めようと来たが、（日本国では）浦の苫家《とまや》の漁師でも百人一首を覚えているのに驚き、これは敵わないと尻尾を巻いて帰った」という古伝説を言ったり、さらに古歌「飛鳥川、淵にもあらぬわが宿も、瀬にかはりゆく物にぞありける」を取り上げ、「世の中は常こそあらめ飛鳥川、きのふの淵ぞけふは瀬になる」にからめて、「わが宿は特に淵でもないのに瀬となった、つまり淵が瀬に変わるような激的変遷《へんせん》でなくても、小規模的な転変はいくらでもあるというような、浮世の常ならぬ状況をうたったやはり秀歌であると評価したりする。

そのような真面目論ばかりではない。ときには古今集序の「（秀歌は）人間だけでなく天地をも動かしうる」に対する諧謔歌《かいぎゃくか》、「歌詠みは下手こそ良けれ天地の、動き出してはたまるものかは」を取り上げ、「狂歌は歌の本質からズレている。そんな外道の歌など作るべきでない」などと脱線したりする。さらに同様な例を「伊勢物語」の一節、十行ばかりを朗々と唱えたりしての「歌学大意」の授業である。それが歌学だけでなく「古史」「神道」「医道」「仏道」「漢学（中国古典の解説）」等々、六、七分野についても同様に、博覧強記ぶりを発揮しての山あり谷ありの講義ぶりだったらしい。

なお、わが国における中国学の大家吉川幸次郎元京大教授（漢籍を読んだ冊数において荻生徂徠と並んで日本史上双璧と称されているらしい）は、篤胤の博識ぶりに関し、「康有為に匹敵する」と評している。

康有為とは清代末期の漢人大学者、清朝を打倒し漢民族による国家の復興を目指して蜂起したが失敗し、西欧に亡命したことで知られる。そのような高評価はもちろん、篤胤の学識がさらに向上した後年のことであるが、その一端はこの三十代半ばあたりに既に発芽していたのである。また、そのような博識を活用しての山あり谷ありの講説ぶりは、上京当時の二十代の初めあたりに一時、身を寄せていた（とされている）芸人一座における付け人生活で、講談や漫談に日常的に接していたためでもあったと言われている。

駿河の宿での狂奔《きょうほん》の一か月

そのような篤胤教師の講義ぶりに魅了された門人がいた。駿河の国府中（現静岡市）の町人、柴崎直古である。柴崎は裕福な町家の跡取り息子であった。同好者を募って郷里で国学関係の学習会を開いたりしていたらしい。が、独学では限界がある。というわけでその春あたりから江戸に出て来て、たまたま真菅乃舎をのぞき、篤胤の講義をきいた。そこでたちまち篤胤教師のとりこになり、はては助手的立場に至り、（篤胤の）講義を筆記したりしていたらしい。ただ、柴崎はその助手役をそのまま続けられない事情があった。その年限りで父親が引退し、翌年からは柴崎が当主として実家を継がなければならなかったからである。そこで柴崎はその家業を継ぐまでの間、仲間たちにも出張講義してもらえないかと（篤胤に）頼んだ。篤胤はそれに応じ、静岡に赴いた。文化八年（一八一一）十月五日のことである。とすればその間の篤胤塾（真菅乃舎）における講義はどうしたか。真菅乃舎における開塾以来の入門者数を次にあげる。

文化元年（三人）、文化二年（二人）、文化三年（四人）、文化四年（二人）、文化五年（四人）、文化六年（二人）、文化七年（三人）

総計して二十人、年間にして三人弱である。しかもその二十人の中には途中で辞めた者もいたはずであるから、常時、通ってくる門人など十数人ていどであったろう。なお、篤胤が静岡でその出張講義をした文化八年は門人が一挙に十三人と増えたが、そのほとんどは静岡における柴崎の友人であったものと思われる。ともかく、その頃の真菅乃舎における門人などせいぜい十人かそこら、江戸におけるそれら門人たちには十月から二か月間、月の前半か後半あたりに集中講義ですまし、あとの半月は静岡で柴崎の友人たちにやはり集中的講義をする、というような二か月であったらしい。なお、その頃の学塾は現代の学校のようにほぼ毎日ではなく、たとえば三のつく日、五のつく日というふうに日を決めて、月に三日かせいぜい六日、多くて九日程度でしかなかった。

また、以上のように真菅乃舎の入門者が年間にして三人かそこらと少なかったのは当時、篤胤が講義する国学の需要が少ないためでもあった。江戸時代の全期間を通じ、幕府が正学としたのは儒学の朱子学であった。幕府における官学、今でいえば国立大学にあたる昌平黌《しょうへいこう》での授業は朱子学主体で、公務員（役人）登用試験における出題科目も漢学中心、作文も和文ではなく、返り点つきの漢文によるそれが課せられていた。そのような時代風潮の中では異端的学といえる国学などを学ぶ者は、よほどの変わり者とされていた。ついでにいうと、柴崎とその友人たちが国学を学ぶことを志向したのは、一般町人階級者は幕府の役人に登用されることなどまずなく、したがって儒学を学ぶ必要性も特になく、国学でもなんでも自らの好みに応じて自由に学習することができたからである。また前章であげた国学における〝五大人〟のうち、篤胤を除く四人までが非武士階級者出身であったのも、同様の理由によるものと思われる。

以上のように篤胤は文化八年（一八一一）十月から二か月間、静岡と江戸を何日間かくらいずつ行ったり来たりしながら出張的講義をした。当時、学塾では（寺子屋でも）年末の一か月くらいは休む。その休みの間、篤胤には一つの計画があった。それまで何年か行ってきた自らの古史関係の研究をまとめることであった。柴崎にそれを打ち明けた。柴崎はこう応じた。「我が家には庭に離れ舎があります。そこでじっくり執筆されてはいかがですか。何日逗留されてもかまいません」。

それが正確にいえばその年の十二月六日〜十二月三十日までの、篤胤に関しては伝説になっている「狂奔の一か月」の始まりであった。まず、篤胤はその別棟の扉にこのような張り紙をした。「学用以外の訪問、無用のこと。ただし、学用でしたらいつなんどきご用になられてもかまいません」。江戸の真菅乃舎の自室にも大書していて後世、有名になった篤胤家の〝扉の張り紙〟である。

そのように外部からの雑音をシャットアウトしてひたすら執筆に集中した。その二十五日間、篤胤はほとんど自室から出なかったらしい。ときには食事も満足にとらず、どころかろくろく寝ることもせず、ひたすら机前に端座しての集中ぶりだったらしい。あまりにも自室からは出ず、食事も忘れてというふうな熱中ぶりに女中が心配して柴崎に告げ、そのときだけ食事を摂ったり丸々一日か二日寝だめをしたりし、あとはまたほとんど寝ず食べずの二十五日間だったと伝えられる。

そのような難行・苦行がようやく終了したのが大晦日の十二月三十日。そのときに成ったのが（ただし草稿ていどのものだったらしいが）篤胤の代表作の一つ『古史徴』『古史通』『古史伝』の、いわゆる古史三部作であった。

『霊の真柱《みはしら》』で思想界にデビュー

篤胤は生涯において次の三分野の事績を果した。

（一）大衆講説家、もしくは評論家。

（二）宗教的思想家。

（三）史学者（主として古代史関係）。

篤胤に関しては当時はもちろんのこと、現代に至っても様々な評がある。その折々の気分に応じて、もしくは自らの関心の赴くままに（ではなかったのかもしれないが）、この三分野を行ったり来たりしているからである。当人はそれなりに方向性はあまり変わらないと思っているのかもしれないが、はたから見ればやはり常人的とは思えない。以上三分野のうち通常人はどれか一分野に限定する（というよりはそれしかできない）のに対し、篤胤は尋常ならざる集中力と記憶力にその帰結ともいえる博覧強記ぶりにより（そのような記憶力と博識ぶりに関し、篤胤と面会した永平寺のある高僧は「唐に一人、天竺（インド）に一人、日本国に一人の巨人」と評している）、この三分野ことごとくを自家薬籠《じかやくろう》のものにしてしまうからである。

これまでにのべてきた篤胤関係の事績はすべて（一）と（三）であった。次は（二）、つまり宗教的思想家としての仕事である。その分野でのデビュー作は駿河の宿での狂奔の一か月終了の一年後に脱稿した、篤胤の代表作といえる『霊の真柱』であった（それに一日でも早く取り組みたいがため、とりあえず眼前の課題である古史三部作を集中して仕上げてしまおうとしたのではなかったのか）。

『霊の真柱』は一言でいうならば地獄・極楽論の応用、もしくは篤胤的展開のようなものだった。篤胤はまず、我々の関係する世界を顕明界《けんめいかい》（現世）と死者の霊魂が赴く幽冥界《ゆうめいかい》の二つに分けた。さらに顕明界は天照大神とその子孫である天皇家に規定され、死後、霊魂はすべて幽冥界に赴き、そこにおける主催者である大国主命の審判を受けると規定した。さらにその規定のさい、現世において善行を果したものは褒賞《ほうしょう》され、逆に悪行をいたしたものは処罰されると規定した。その賞・罰の具体的内容にまでは言及していないが、キリスト教のいう天国・地獄論の応用のようなもの、といってよい。なおその頃、キリスト教は一部知識人の間では常識的になっていた。また篤胤はキリスト教に対しては仏教や儒教よりも親近感を有していたと伝えられる。

ここまでは天国・地獄論的であるが、それからが篤胤的展開であった。篤胤はその天国・地獄的世界のうち、善魂が赴いた幽冥界から現世は見えるが、悪魂が至った幽冥界から現世は見えないとした。さらにその幽冥的世界は現世のすぐ近く、具体的にいえば村々の神社の奥殿やその近辺の森や社あたりに実在するとし、さらにその善魂が至った幽冥界から現世は見えるが現世から幽冥界は見えない理由として、真っ暗闇から明るい世界は見えるが、逆に明界から暗界は見通せないようなものと規定した。図解すると次図のようになる。

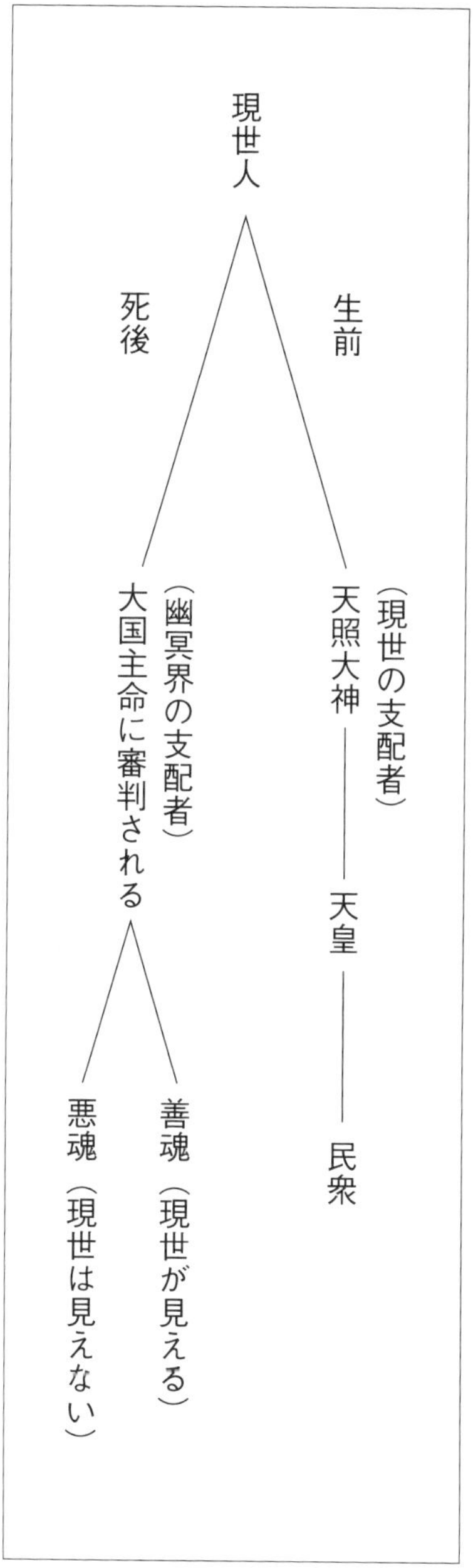

篤胤論と天国・地獄論の違いは二つある。まず篤胤的天国・地獄的世界は現世のすぐ近く、つまりこの

地球上に存在するとしたことである。さらにそのような天国・地獄的世界のうち、天国的世界から現世は見えるが、逆に現世から天国・地獄的世界は見えないと、規定したことである。ことわっておくがたんに〝した〟だけのことである。それが真であるか偽であるかの証明は不可能的であるからだ。それは篤胤が説く幽冥的世界に関しても同様である。ある事項が存在するとの証明は比較的カンタンである。そのような事実が一つでも見つかればよい。が、逆に存在しないことの証明は難しい。というよりはほとんど不可能的といってよい。「存在しない」ことを証明するには、ありとあらゆる事項・事象を調べ尽くす必要がある。そのようなことは事実上、不可能的であるからだ。

それに関して有名な話がある。UFOモンダイである。十数年前、アメリカ航空宇宙局では「UFOは存在しない」との前提のもとに、様々な検証実験を行った。各方面に航空機を飛ばしたり、宇宙空間に電波・電磁波を発信したりした。が結局、存在しないことの証明はできず、「存在しないとは言えない」との結論に至ったと伝えられる。以上のようなわけで、科学の世界では「ある事項が存在しない」ことの証明はほとんど不可能的であるため、「不可能的証明」ともいわれている。

それは篤胤が説く幽冥界論に関しても同様である。そのような世界が絶対に存在しないとは言い切れないのである。なお、篤胤は自らが説く『霊の真柱』論の核心的事項といえるその幽冥的世界（篤胤はそれを異界としているが）の存在証明に以後、四十代後半からの十年間ほどを費やしているが、それについては次章で稿をあらためて詳述する。

また、そのような世界が実在する・しないはともかく、（その種世界の存在を）信ずる・信じないのモンダイになると事情はかなり変わってくる。そういった事項に関し、数学（統計学）上の有名な定理がある。「三パーセントの壁」という。いかなる思想・信条・極論といえども、それにすべての人が同じような反応をするわけではない、少なくとも三パーセントほどはそれに異を唱える人士がいる、という定理である。それは個人に関しても同様的である。われわれ個人にしても、どのような暴論・極論にも、それに百パーセント否定的反応を示すわけではない。少なくとも三パーセントほどは肯定的感情を抱いたりするはずである。『霊の真柱』論に関しても同様である。江戸時代、篤胤が説く幽冥観を完全には信じなくても、心のどこかに、少なくとも三パーセントほどは信じたいというふうな思いを抱く人なら当時、相当数存在していたのではないだろうか。それはもしかすると、今日でもそれほど変わらないのかもしれない。

『霊の真柱』の影響

『霊の真柱』はある意味では人生に対する楽観論である。現世で善行さえ果たしておれば、来世では幽冥界に至っても大国主命に褒賞され、現世を見守っておれるのであるから。幕末維新期、実際にその説を信じて行動に至った人物が少なからずいた。その代表といえるのが土佐勤王党の志士、武市半平太(一八三六〜一八六五)であった。武市は土佐勤王党の領袖の一人として倒幕を果すべく、『霊の真柱』一書だけを懐中にしてまず薩摩に赴いた。そして同じく勤王論者西郷隆盛らと親交を結び(それが後の薩長土同盟につながり、倒幕の原動力になった)、さらに自藩でも倒幕のための実践行動に至っている。旧幕府派の参政(家老代表)吉田東洋を暗殺し、それが露見して捕らわれの身となり明治維新の三年前、獄中において切腹させられている。

女性版〝武市〟もいた。勤王婆さんこと松尾多勢子(一八一一〜一八九四)である。松尾は伊那谷(現長野県)の豪農家の主婦であったが、やはり『霊の真柱』に触発されて京に上り、容姿が一介の田舎風の老婆にしか見えないことを利用して当時、旧幕府派によって軟禁的状態に置かれていた勤王派の岩倉具視《ともみ》邸に下女然の風体で出入りし、岩倉に外部諸情勢を伝えたりし、やはり倒幕の一助的役割を果たした。なお多勢子は自らの正体が露見したときの自決用として、常に短刀を懐中に忍ばせていたと伝えられる。

ついでに言うと篤胤が幕末期における倒幕運動の黒幕などとされていたりするが、それは全くの誤説であり曲解である。篤胤は倒幕などおそらくは一言半句も言っていない。ただ『霊の真柱』の中で、現世において善行を果した者は来世では大国主命に褒賞され、現世を見守っておれるとしただけである。その善行を倒幕であるなどとは、もしかすると夢にも考えていなかったはずである。篤胤は晩年、徳川御三家に盛んに仕官運動をし、それがかなって文政十三年（一八三〇）、尾張藩から三人扶持《ぶち》を給されているのがその証明である。

『霊の真柱』が一般に受け入れられ、さらに篤胤の文名が高くなったもう一つの理由があった。同書はある意味では万民平等的思想を根幹としている、ということである。前掲図でもわかるように、現世では人間はすべて天照大神――天皇――民衆と一本の線でつながっている。その間に武士も幕府もない。すべての民草（民衆）は一視同仁的、万民平等的である。そのような今日的にいえば民主主義的思想が、特に幕末期には地方豪農層に受け入れられ、松尾多勢子らの倒幕運動にも結びついたといわれる。そのあたりの詳細は島崎藤村の『夜明け前』に詳しい。なお藤村の父で『夜明け前』の主人公青山半蔵のモデルとなった島崎正樹もその地方豪農層の一人であった。

『霊の真柱』は篤胤にとって相当の自信作であったものと思われる。これまでにあげてきた篤胤の諸著作、デビュー作の『呵妄書』、二作目の『千島の白波』、さらに『古史伝』等々はすべて書き本、つまり生原稿をそのまま綴じただけか、それらを他人がさらに筆写した写本であった（それらの多くは後年には整版本になったが）。『霊の真柱』を初めての整版本とした。整版本は職人が一字一字板に彫り込むのであるから、膨大な手間ヒマがかかる。そのぶん費用もかさむ。『霊の真柱』はページ数にして一二〇ページほどの薄いものであるが、出版費用は当時の金額で約四〇両、今日的価格では五〇〇万円ほどかかった。そのつけで篤胤家は一挙に窮乏的生活に陥ったことは後述する。

ともかく篤胤は『霊の真柱』一書だけで世に出られたといってよい。たんに世に出られただけでなく、後世にまで大きく名が伝えられた。たとえば『日本思想史の名著３０』（苅部直〈ちくま新書〉）である。同書はタイトルにもあるように古代から現代に至るまでの日本思想史上の名著３０冊を取り上げ、それを解説したものであるが、その中に『霊の真柱』も選定されている。なお同書に掲載されている国学関係の書は他に宣長の『くず花』が選ばれているだけである。

もちろん『霊の真柱』論など、今日的感覚からすれば肯定派より否定派の方がはるかに多いものと思われる。だが一方、『霊の真柱』は死後の霊魂の行方に関しての一つの見方として当時、ある種の人士には受け入れられたことは確かである。わが国における民俗学の始祖、柳田国男の歌学における師松浦辰男もそのうちの一人であった。松浦は『霊の真柱』に関し、このような歌を詠んでいる。

「まさやかに君が説かずばぬば玉の暗き黄泉《よみじ》をいかで知らまし」。

この世で善行さえ果たしておれば、あるかどうかはわからないが、仮に来世に至ったさいそれほどの苦労はしないですみそうだ。それを信じて現世では日々の行いを努めよう、ということである。それは松浦に限らずほとんどの日本人に共通する全国民的感情のようなものではないだろうか。昔の人はよく言ったものである。「お天道さまが見ている」と。

強大な外圧に備えての自衛

篤胤が山鹿流思想家として世に出はじめた江戸時代中後期、わが国の思想界・史学界には次のような三つの課題があった。

（一）日本民族も含めて人間の死後の魂の行方的状況はいかなるものなのか。
（二）日本民族の歴史・思想面に関する源流的状況とはいかなるものなのか。
（三）外圧に思想的にどのように対応、もしくは対抗するべきなのか。

篤胤についていえば（一）は『霊の真柱』で解決しえた。次の（二）も駿河の宿での狂騒の三か月での成果『古史通』『古史伝』『古史徴』と、それらを総合した『古史成文』で解決した。なお『古史成文』については篤胤は相当な自信作であったらしく、「孔子は自らを知るのは『春秋』のみと言った。自分も「篤胤を知るのは（古史）成文のみと言いたい」などとイキがっているが。『春秋』とは孔子が著述した古代中国（紀元前七～五世紀あたり）に関する歴史書である。

ただ、篤胤にとっては相当の自信作であったらしい古史三部作も『古史成文』も、現代的感覚ではとうてい読めるものではない。紀元前数百年かそれ以上も昔々からの日本民族・日本という国家創成期の物語などを（現代の高校日本史の教科書では日本国国家の始原を紀元三、四世紀ころとし、それ以前は個々人がバラバラ的にかせいぜい何十人かの小集団で暮らしていた狩猟採取時代のようなものとしている）長々と記述しているようなものであるから。その多くというよりほとんどは篤胤の創作、もしくは創見といってよい。もちろん篤胤ともあろう者が一見して創作などとわかるようなヘマをするわけはない。たとえば『古史伝』では、「大土」という一語の説明に万葉集巻十一に「大土も採れば尽くす」とあるように国土のことを意味する古語であるなどと、古典に関する該博《がいはく》な知識をふんだんに活用したり、また、同ページのやはりある一語の説明に万葉集巻二十の防人歌《さきもりうた》を持ち出したり、さらに天・天日・虚空《こくう》の区別を言うのに同様に万葉集から三首を引用したりしている（万葉集全四千五百首のほとんどを暗誦していたのか。それにしてもおそるべき記憶力である）。

ただし、篤胤について一言弁明しておくと、（篤胤は）自らの手法が城戸が評したように大山師であるかは別として、確実な文献的事実などにはあまり基づかない〝山師的〟なものであることは、おそらくは自覚していた。自らの主唱した神々に関する物語、日本民族創成期に関する事項などのすべてとはいわないまでも、かなりていどフィクション的なものであることは多分、承知していた。篤胤はいわゆる〝夢見る派〟ではなく、当時の〝現代っ子〟であった。生まれてこのかた、その三十代後半に至るまでの間、現実社会では苦労の連続であり、それこそ辛酸《しんさん》をなめ尽くしてきた。そのようなこともあり『霊の真柱』の著者でありながら自分自身は、「一日でも長くこの世に留まりたい、この世で普通に暮らし、子供の相手をし、晩酌に酒の一杯でも傾けるのが最大の楽しみ」などと言っていた。

とすれば当時でいえば現代っ子篤胤が、なぜそのようなおそらくは自分でも完全には信じていなかったと思われる各種古代論を〝創作〟したのかがモンダイであるが、それはたぶん〝外圧〟との関係もあった。当時、江戸時代中後期、強大な外圧がわが国に迫りつつあった。宣長の時代は、その外圧は主として中国一国であった。前述したように、おそらくはそれに対抗するためもあり宣長は『馭戎慨言』を書いた。それは中国民族を西方の野蛮人と規定した、あの温厚にして温順（といわれていた）な文人という宣長のイメージに似つかわないほど激しい論調のものである。篤胤の時代、その外圧は中国の他にさらに強大な西欧諸国も加わっていた。それら西欧という外圧に抗するためもあり、篤胤はおそらくは自国の歴史的始原を（それら西欧キリスト教国などのそれより）はるか古い古い時代、紀元前十世紀かそれ以上も古い時代に設定する必要があっての、つまりヤマアラシが強大な外敵に遭遇したさい、総毛を逆立てて自らの姿態をことさら強大的に誇示する行為に似た、作為的操作のようなものではなかったのか。

『出定笑語』と『玉だすき』

篤胤は強大な外圧に対抗するためまず守りを固めた。自らの姿態をことさら強大的に誇示し、虚勢を張ってまで強固な守備陣を構えた。が、戦いは守りだけでは勝てない。攻めて行くことも重要である。その攻めて行くための武器の一つとしたのがまず『出定笑語』であった。江戸時代中後期、わが国には思想的外圧といえるのが二つあった。仏教と儒教である（後にはキリスト教も加わったが）。特に仏教という外圧は強大であった。江戸時代、寺院は今でいう市町村役場のような職能を有し、武士階級者以外の一般庶民階級者は一人残らず居住地の寺に住民登録され、その寺院の信者とされていた（関所を通って他郷に至るさいに必要な通行手形（身分証明書）は寺が発行していた。武士階級者は藩庁が発行）。江戸時代、全人口の九割五分ほどは非武士階級者であったから当時、日本国民のほとんどは仏教という外圧に既に制圧されていたといってよい。それほど強大な外圧を攻めて行くのに、『出定笑語』という武器一つだけでは心もとないと思ったかどうかは知らないが、篤胤はもう一つの武器、やはり反仏教論的著作『玉だすき』も著述した。その二書から反仏教的言説のいくつかを拾ってみよう。

①　釈迦は二十五歳で出家した。以後、浮世を離れて仕事もせず、念仏三昧で過ごした。反社会的行為である。

②　釈迦が死ぬと弟子の一人は大きく肩を落とした。が、他の多くの弟子はこれで自分たちが浮かび上がれると喜んだ。師匠の死を喜ぶなどとんでもない。人倫に反する。

③　釈迦の思想などたんにバラモン教（釈迦の時代、インド地方一帯に広まっていた土俗的宗教）の上を行きたいがため、無理にこじつけたものにすぎない（このことを『出定後語』の加上説を適用して説明している。加上説などに拠って仏教をパロディ的に否定したようなものであるから『出定〝笑語〟』としたものと思われる）。

④　いにしえの儒者は和国に至りては和風に従った。が、仏者はそうしない（妻帯しないようなこと）。それはよろしくない。そもそも国民すべてが仏教の信者になり、妻帯しなければ国は亡びる。

⑤　仏者はただ経を唱えるだけで自らは生産的活動をしない。それも人道・人倫に反する。国民すべてが働かないで経を唱えているだけだったら、世の中まわらない。

⑥　大乗仏教（日本の仏教）は釈迦が説いたものではない。たんに後世の誰かの作為にすぎない（これも加上説を用いて論証している）。

⑦　仏寺の入口に番人として神像をおいたりする。つまり日本古来の宗教である神道を仏教の番人のように扱っている。とんでもない。むしろ逆にするべきである。

⑧　仏教では衆生（生きとし生けるものすべて）を救済しようとする。それどころか悪人正機《しょうき》（悪人ほど悔い改めればより救われる）などとしている。それはよろしくない。そもそも悪人ほど救済されるのなら世の中悪人だらけになる。

⑨　仏教国（インドや東南アジア諸国）の多くは西欧に侵略されている。つまり仏教は護国の役に立たない。

⑩　仏教ではこの世は仮の世としている。それは日本人一般の感覚・国民性に反する。そもそも（この世が）仮の世だったら誰も真面目に働かない。

⑪　仏者のいう奇跡（釈迦がいったん死後、復活したようなこと）など、手品で大衆をだますようなことである。

なお『玉だすき』に関しては一般には反仏教論書として知られている。私もそのように考えていた。が、実際はそうでない。同書の本旨は「神道論」である。日本古来の宗教である神道が規定する各種神々の由来や効能、実際の作法、伝統的行事等々を長々と講説しているもので、『古史成文』『霊の真柱』と並んで篤胤の主著の一つといってよい。実際吉田松陰は、『玉だすき』と『霊の真柱』を二大座右の書としていたと伝えられる。その神道論を展開するにあたり、それと対比するかたちで〝反仏教的論〟にもふれているものである。

『玉だすき』は以上のように仏教の攻撃を目的とするものではなかったから、篤胤は同書を出版するにあたり、当初は反仏教論的部分を削除しようとしたらしい。が、弟子たちが「先生、そんなに仏教者に遠慮することないでしょう。こちらの方が正論なのですから。このままのかたちで出版しましょうよ」とかなんとか主張して結局、弟子たちの意向が通ったものらしい。篤胤に関してはカリスマ的教祖というふうなイメージがあるが、実際はそうではなく真菅乃舎は結構、和気あいあいとした雰囲気であったようである。それもそうかもしれない。篤胤は元々は大衆（向けの）講釈師上がり、威をもって門下を統率するタイプではない。

以上のように篤胤は仏教に対しては徹底的に〝反〟であったが、儒教（儒学）に対してはこれほど激しく反発したような形跡は見当たらない。やはり秋田にいた医師見習い時代の少年期、儒学を学んだということもあったのかもしれない。そのような儒学に対する親近感、というよりはそれほど反発的ではないということも関係しているものと思われる。日本思想史における大家丸山真男は、「篤胤の学風には儒学の〝影〟のようなものが散見される」と評している。

重なる不幸で貧窮生活へ

篤胤に恋愛経験はおそらくはない。数え年二十歳までの秋田時代は、恋愛など思いもよらない境遇だった。七〜十歳頃までの養家における寺子屋時代は女子もいたかもしれないが、それ以後は同じ年頃の女性とはまともな会話などまずしたことはなかったろう。実家に戻っての十年間ほどは下男同様の生活だった。周囲に若い女性など皆無的であったものと思われる。上京してから平田家の養子になるまでの五年間のうち、前半の二年間は何をしていたかの正確な記録などは伝わっていないが、本人が意識的に語ろうとはしなかったことから察すると、今でいう日雇い生活、臨時の工夫、車引き、芸人一座の付き人兼雑用係等々、とにかくその日暮らし的であったことは間違いないらしい。二十二歳時、常盤橋のたもとの呉服店の風呂番で、ようやく安定した職に就けたが、周囲には若い女性などその呉服店の女中くらいしかいなかったものと思われる。その女中とも、額に痣があるという自らの異相のコンプレックスもあり、まともな会話などまずしたことはなかったろう。初めて同じ年頃の女性と縁を持ったのは平田家の養子となった翌年の、妻織瀬との結婚（そのとき篤胤二十六歳、織瀬二十一歳）であったのかもしれない。

織瀬は賢妻であり良妻であった。貧乏学者篤胤をよく支えてくれた。が当時、人間の死亡率は高かった。初めての子（長男）常太郎は生後満一年で没し（そのとき篤胤二十八歳）、織瀬も三十一歳時、八歳の長女千枝子、五歳の次男半兵衛を遺して世を去った。半兵衛も十一歳で死に至っているから、一家五人のうちの三人までが篤胤の結婚後十数年のうちに世を去り結局、当時の平均年齢の約四十歳時まで生存できたのは篤胤自身と千枝子だけであった。篤胤の主著である『霊の真柱』は死者の霊魂の行方について論じたものであるが、同書は以上のような篤胤一家のうち続く死という不幸的事態が、特に妻織瀬のそれが、おそらくは相当程度重要的に関係しているものと思われる。織瀬の死と『霊の真柱』の出版に至るまでの正確な日時をもう一度、整理してみよう。

文化九年（一八一二）八月二十七日、織瀬没。
同年九月ころから『霊の真柱』執筆開始。
同年十二月五日、『霊の真柱』の原稿完成。
文化十年（一八一三）四月、『霊の真柱』出版。

つまり『霊の真柱』は織瀬没のわずか百日かそこらのうちに脱稿しえたのである。それまでにおおよその構想は成り、執筆準備などはあるていど整っていたものと思われる。同書は服部中庸の『三大考』を下地としている。それを読み直し、自らの思想・構想に肉付けするまで時間がかかる。その間、織瀬の没に付随する様々な雑事の処理と、遺された二人の年少児（そのとき千枝子八歳、半兵衛五歳）の世話もあり、ほとんど寝るヒマもない日々だったものと思われる。が、篤胤の重要な性癖でありまた長所でもある尋常ならざる集中力を発揮し、ともかく妻の死のわずか三か月かそこらのうちに一書を脱稿しえた。

『霊の真柱』は篤胤にとって相当な自信作でありまた会心作であったものと思われる。同書の完成にあたり篤胤は冒険をした。同書を書き本、つまり生原稿をそのまま綴じただけの本（それを他人が書き写したのが写本。当時のほとんどの本は書き本か写本であった）にせず、製版本としたのである。写本なら出版費用は一冊あたりせいぜい数万円ていどですむ。が、製版本となると職人が一字一字板に彫り込み、それにスミを塗り紙を当てて文字の部分だけ写すという方式であるから、膨大な手間ヒマがかかる。出版費用も当然かさむ。当時の金額で約四十両、今日的価格で五百万円ほどかかったらしい。平田家の年収の二年分くらいに相当する。なお、これまでにのべてきた篤胤の著書のすべては当初は書き本である（それらの多くは後に出版本とされたが）。

当時、なにかの買物、出費のさい、多額の費用を一度に払うという慣習はなかった。大体は三分の一くらいを頭金として払い、あとは年賦か盆・暮れあたりの何回か払いである。おそらくは平田家のそれまでの貯えのほとんどをはき出し、それでも足りずに処々から借りてしのぐという自転車操業的家計に、一挙に陥ったものと思われる。そのころの経済的困窮事情に関し、篤胤は友人伴信友にこのような書簡を送っている。

「ひな人形を質に入れようとしたが娘に泣かれ（て断念し）、仕方なく本を（質に）入れたが（本の質代が払えなくなり）それも流れそう。代わりに羽織を（質に）入れてようやく本が流れるのを防いだ」。

なお、伴信友とは篤胤の学問上の友人。同じく国学者で篤胤は思想・古代史関係を主たる守備範囲としていたが、伴は度制史（古い時代の様々な制度）を専門としていた。また、篤胤には同年代の友人が少ない（というよりはほとんどいない）こともあり、このように伴をなんでも相談できる気のおけない学友と考えていたらしいが、伴の方ではそうでもなかったらしい。伴は当時、若狭（現石川県）小浜藩十万石の藩士。それも主君の側近的立場であったから、一介の自由人的立場（篤胤も一応は松山藩士であったが、定められた役職などは特になかった）の篤胤とは置かれた状況が違う。そのようなこともあり二人は後に交友を断っている。

篤胤家の不幸はまだ続いた。今度は篤胤自身の重病である。数え年四十歳時のことである。具体的な病状などは伝わっていないが、おそらくは勤続疲労のようなものではなかったのか。それまで上京以来二十年間、苦労・苦行の連続のようなものだった。特に駿河の宿での超人的集中力を発揮しての一か月間の執筆生活以来は、妻の死とそれに伴う様々な事後の処理、遺された二人の幼児の世話、初めての出版とそれに付随する金銭的処置等々、安閑としている日々などほとんどなかったものと思われる。その頃も篤胤は伴にこのような書簡を送っている。

「倅《せがれ》（次男半兵衛）の病気、その中で大業を成し遂げようとする苦しみ（その頃篤胤は『霊の真柱』と並んで（篤胤の）主著である古史関係の草稿をまとめようとしていた）。司馬遷は「天道是か非か」と言った。自分も同じようなことを言いたいような気分」。

司馬遷とは前漢の頃（紀元前一〇〇年あたり）の歴史家。友人李陵が匈奴との戦いに敗れて捕虜になったことを弁護したことで武帝の怒りをかい、宮刑（去勢されること）に処せられた。が、それで発奮し、後世に遺る史書（『史記』）一三〇巻を著したことで知られる。ともかく篤胤も世間的には特に悪いことなどしていない。が、不幸は次々に襲ってくる。さては自分も〝天に見放されたか〟と弱気になっていたものと思われる。

家計ようやく好転

だが、篤胤がおそらくは前半生における人生の勝負をかけて出版したと思われる『霊の真柱』の効果が、その経済的どん底時代、徐々に表れてきた。その理由の一つは前述したように、同書はある意味では万民平等的思想を根幹としているということである。同書の主旨は「人間は生前の身分・経歴などに関係なく、現世で善行を果した者は来世では大国主命に褒賞されて、（幽冥界から）現世を見守っておれる」である。そのような非階級主義的思想が、特に江戸近辺の地方豪農層に受け入れられた。（江戸近辺の）地方豪農層はその江戸時代中後期、豪商層と並んでわが国では経済的に最も恵まれた階層者であった。数町歩かそれ以上もの田畑を有し、多勢の奉公人を抱え、自らは田畑を耕すわけではない。しかも田畑からの産物は一日か二日で行ける大消費地江戸で、いくらでも需要がある。

その経済的富裕地帯の一つが下総（現千葉県北東部の成田あたり）地方であった。その下総地方における門人たちからの要請があったものと思われる。篤胤は文化十三年（一八一六）四月、下総地方における自著『霊の真柱』と自塾真菅乃舎の宣伝もかねて、成田から香取神宮あたりまでの旅をした。そのさい、銚子の浜で「天の石笛」を拾った。天の石笛とは長さ五十センチほどの細長い石で中空状になっており処々に穴が開いている。それが笛のような機能を果たし、実際に口に当てて吹くと音が出ることもあって古来、天から遣わされた神器とされていた。なお、そのような奇瑞もあり篤胤は帰京後、自塾を「気吹舎《いふきのや》」と改称している。気吹とは古い時代には〝いふき〟と発音し、その笛を吹くと凶事・禍事から脱せられる神器とされていた

天の石笛効果かは知らないが、その年あたりから家塾の門人が一気に増加している。それまでは年間に

して三人から多くて七人ていどだったのが、その文化十三年、一挙に八十七人もの大量入門者があった。そのほとんどは下総地方の豪農層であったものと思われる。以後も門人数は安定して増え結局、篤胤が死に至った年（天保一四年、一八四三）までの総門人数は五五三人に達している。

その生活の基盤が安定した頃、篤胤は再婚した（文化二年、篤胤四十三歳時）。相手は武家ではなく一般町人で（貧しい下町娘といわれる）、篤胤の後援者の一人、越ケ谷（現埼玉県）の豪商山崎篤利の養女というかたちでの入籍であった。越ケ谷を含む浦和・川越・草加あたりも江戸に近いという地の利もあり、下総地方と並んで当時、有数の富裕的地帯であった。また山崎は以後、篤胤の義父というような立場もあり、（篤胤の）著書の出版に金銭的援助を行っている。さらに二代目夫人も織瀬と名乗っている。ただし、それは現代でいえば名跡の襲名みたいなもので、実生活では本名で呼ばれていたらしいが（本名は伝わっていない）。

そのように経済的基盤が安定した頃、『霊の真柱』が当時ではベストセラー的売れ行きを示したこともあり、篤胤は今でいえば新進評論家、文化人のような立場であった。その評論家、文化人としての名も残している。松平つゆ姫事件に関してである。つゆ姫は天才少女、というよりは天才幼女であった。鳥取藩の支藩若桜藩二万石（現鳥取県若桜町）当主松平定常の末娘として生まれた。六歳で酒好きの父定常の身を案じて、このような文を書いている。

「おいとたからこしゆあるなつゆかおねかいもうしあけますすめてたくかしこ」（もうお年ですからお酒をつつしんでください。つゆがくれぐれもお願い申しあげます）。

それはつゆ姫の遺言であった。つゆ姫はほうとう（天然痘）で数え年六歳で世を去ったのであるがそのさい、死を覚悟して自分が使っていた机の上に（私が死んだらこの机を開けてください）と書き置きし、その机の中に入っていたものである。またつゆ姫は自分つきの二人の侍女にも次のような書き置きを遺している。それは五七五七七の形式を整えた見事なものだった。

「えんあつてわれにつかえしたつとときいくとしへてもわすれたまふな」（縁があって私に仕えてくれた〝たつ〟と〝とき〟さん。何年たっても私のことを忘れないでください）。

当時、ほうとうは今日における新型コロナ以上に業病とされていた。それにかかった者はほとんど確実に死に至ってしまうものだった。数え年六歳といえば今日的には幼稚園の年長さんクラス。その年齢で自らの死を正確に意識し、その覚悟もしていたのである。前述したように『霊の真柱』は当時、相当な反響を呼んだ書であった。定常が同書を読んでいたかはわからない。だが、おおよその内容くらいは承知していたものと思われる。『霊の真柱』には死者は霊魂となってこの世を見守っていると、説いている。定常がその説を信じていたかはわからない。が、信ずる信じないのモンダイではない。可愛い盛りの末娘にわずか六歳で先立たれ、しかもこのような遺書まで遺されては定常がいかに酒好きであっても、もう酒など飲めるものではない。以後、定常は酒を断ったと伝えられる。なお、定常はつゆ姫を悼む文集を編んだが、その中に篤胤も寄稿している（定常もしくは家臣の誰かが篤胤に頼んだかしたものと思われる）。

また、『霊の真柱』で篤胤の文名が高くなったことと関係するものと思われる。当時、江戸の巷では各種番付が流行ったものである。酒豪番付・名所旧跡番付・妖怪変化番付・役者番付等々である。そのうちの一つ国学者番付に篤胤の名も前頭三枚目として載っている。ちなみに東西の大関は宣長と真淵で（当時大相撲でも最高位は大関であった。横綱は大関が引退後に名乗る名誉称号）、荷田春満は小結、上田秋成は前頭七枚目、別格の行司は契沖と塙保己一とされている。

一般に篤胤は宣長の学燈を継ぐとされている。が、篤胤が宣長の名を知ったのはかなり遅かった。おそらくは宣長の死（享和六年、一八〇一）の三、四年後あたりではなかったのか。その頃、篤胤は山鹿流兵法家平田家の養子となって数年、素行は前述したように兵法家というよりは、国粋主義的思想家であった。平田家には素行の著作も何冊かあったはずである。篤胤も当然、それらを読んだものと思われる。篤胤は二十九歳時、初めての著書『呵妄書』を世に出した（もちろん書き本で）。同書の主旨は素行の国粋主義的思想書『聖教要録』『中朝事実』の、つまり唐風を排し和風を良しとするそれにかなりのていど似通っているものである。また宣長にも『馭戎慨言』など同様の志向性を有する著作がある。以上により筆者は篤胤――素行――宣長というような線で、つまり篤胤は素行を介して宣長に至ったと解しておきたい。

ここまでは推測であるが、以下はあるていどはっきりした事実をあげる。まず篤胤は文化二年（一八〇三）、つまり宣長没の二年後、後継者（宣長の長男）春庭に正式に入門を乞う書を送った。実際、そのことは宣長家の入門帳に載っているらしい。ただ当時、江戸と宣長一門の本拠地松坂は遠い。篤胤が初めて宣長家を訪れたのはその二十年後（文政六年、一八二三）のことだった。なおその頃春庭は失明しており、宣長一門の実質的当主は養子大平（一七五六～一八三三）の時代になっていたが。また当時、宣長一門では篤胤に対して賛否両論的で、反篤胤の急先鋒の一人が城戸千楯で、受け入れ派が服部中庸であることは前述した。

それは今日に至っても同様的である。宣長に対してはその学風に関し、否定派はまずいない。国学における他の三大人契沖・春満・真淵に関しても同様、彼らの国学者としての功績、学風に関して否定論者はおそらくはいない。が、篤胤についてはそうでない。賛否両論的である。たとえば反対派である。その代表者的存在の和辻哲郎は篤胤をこう否定している。「篤胤の説は狂信的である。学問とはいえない。なにか偏執狂とまではいかないまでも宗教者、それも狂信的宗教者の影を感じる」。

一方、積極的擁護派もいる。民俗学における先蹤者折口信夫である。折口は「篤胤先生の学を江戸時代後期に限定してはいけない。時代が進むにつれて（篤胤の）評価は上がる」と、肯定している。篤胤の事績の一つである古伝承関係の収集が、わが国における民俗学の先駆者的役割を果たしている、ということを言っているものと思われる。民俗学におけるやはり先蹤者にして大成者柳田国男も同様のことを言い、常に〝篤胤先生〟と敬称で呼んでいる。

また中間派の代表といえる日本思想史家村岡典嗣はこうまとめている。「宣長はわかる。もちろん正しい。まっとうである。篤胤はその点、劣る。が、どこか気になる。（篤胤は）異端の美といえるのかもしれない」。中国学の大家吉川幸次郎も同様、どちらかといえば中間派的擁護派である。「若い頃、平田を読んだ（その一部でしかなかったが）。が、特に記憶はない。年取って又読んだら、暴風がなにもかも吹き飛ばすような爽快感を感じた。平田はもう少し早く読むべきであった」。同じく中国学の大家内藤湖南も篤胤を「鳥で言えばハヤブサ」と評している。目標に一直線的に切り込むというような（篤胤の）学風を評してのことと思われる。

日本思想史における大御所丸山真男にそのあたりを総評してもらおう。「国学は宣長において一応、完成した。が、篤胤に至って新しい地平に到達した。その地平において篤胤は往々にして道を踏み外し、荒野を往くがごときであった。それは国学というよりは儒学的地平、とでもいうようなものだった」。儒学的地平、つまりあるべきはずという〝理〟がまず先行し、その〝理〟に対して、それこそハヤブサのようにまっしぐらに迫っているということである。

最後に篤胤の宣長家訪問記をあげておこう。篤胤は文化八年（一八一一）四十八歳時、板倉家を退身し自由の身となった。板倉家における家職の軍学者・兵法家に関する定まった役職などは特になかったらしいが、やはり宮仕えの身ではなにかと不自由である。その頃、学塾気吹舎の門人も増え、板倉家からの家禄である五十石くらい、あてにしなくても不自由しないというような家計に至っていたこともあったろう。退身して最初の仕事はその直後の九月〜十一月の三か月に及ぶ関西方面への旅行も兼ねての宣長家訪問であった。とすればその間の気吹舎の講義はどうしたか。その頃、篤胤の養子（長女千枝子の婿）鉄胤が育っていた。鉄胤は学者としての能力はもちろん篤胤に及ばないまでも、教師・経営者としては篤胤以上であった。前述したように篤胤の時代における累積門人数は五五〇人程度であったが、二代目鉄胤の時代になってからはさらに増え（鉄胤時代の）約三十年間だけで門人は一三〇〇人あまりと倍以上も増やしている。なお、鉄胤はそのような教育者的能力を評価されたものと思われる。明治新時代に至り新政府の宗教行政の統括者（神祇《じんぎ》事務局判事）的地位に就いている。

篤胤はまず宣長一門の総帥で当時、京で学塾『鈴乃舎』を主宰していた本居大平のもとに至った。そのさい大平に次のような歌を贈って名刺代わりとした。なお二人の年齢は大平が二十歳年長であった。

「武蔵野に漏れおちてあれど今さらに寄り越し子をばあはれとぞ見よ」（武蔵野の片隅でこぼれおちている一滴のしずく同様のとるに足らない身です。今頃になって訪ねてきた私を哀れとおぼしめして、これからもどうかお目をおかけくださいい）。宣長一門でも篤胤に対して賛否両論的であることを意識し、まず低姿勢で出たのである。それに対して、大平の返歌はこのようなものだった。

「人のつらかまんばかりにもの言ひし人、けふ会うてみれば憎くもあらじ」（篤胤に関しては、異論を有する人物に対しては噛《か》みつかんばかりに激烈な調子で言ったりする人物とのウワサがあったが、実際に会ってみるとそうでもないようなので安心した）。

またその京での大平との会見後、松坂に立ち寄り春庭にも会っているがそのさい、次のような歌を詠んでいる。

「こひこひし大人の面影をその御子に見るけふの嬉しさよ」（長年あこがれておりました宣長先生の面影をその御子さんに見ることができ、これほど嬉しいことはありません）。

それにしても日本の和歌は便利かつ有用的なものである。なまじ文章で長々と説明したり釈明したりするより、三十一文字で十分、いやそれ以上に意を尽くしている。簡にして要を得ているといってよい。俳句は近年、日本文化の一つとしてテレビ番組などに取り上げられており、それなりの視聴率もあげているらしい。和歌となると即興的にはなかなか作れない。がともかく和歌にも、たとえば高校国語における必須的学習項目の一つとするとか、もっと脚光を浴びせてよいではないかと思われるがどうだろうか。

第四章　異界はいずこに

個人の思想には次の二種類がある。

（一）その個人が生きて暮らしていた時代特有の風潮のようなものに大きく規定される。したがって、ときにはその時代をゆり動かす主要な原動力にもなりうる。

（二）その個人が生きて暮らしていた時代精神のようなものにはあまり規定されない。したがってその時代をゆり動かす要因にはあまりならなかったりする。ただしそのようなもののうち、民族精神の根底部に常在する志向性などは、長期的にはその民族をある方向に至らしめる大きな力ともなりうる。

江戸時代中期から後期にかけてわが国の国学界に屹立していた二人の巨人本居宣長と平田篤胤についていえば、宣長は（二）の篤胤は（一）の典型的なケースであった。宣長が主唱した「もののあはれ論」は、それによって江戸時代中後期の日本民族の時代精神を、特に大きく揺動させたとはいえない。が、それは日本民族が続く限り、永遠にわれわれの精神の根底部にあり続けるものと思われる。

一方、篤胤の場合は（一）であった。篤胤が主唱した「霊の真柱論」、すなわち日本民族とは、現世とは次元的に異なる世界ともいえる来世といった異世界のようなものの存在を信じ、その種思想や志向性に規定されて生きているとの説を信ずる階層は、江戸時代中後期にはそれなりにいたのかもしれないが、現代では皆無的とはいえないにしろ、ごくごく少数派ではないかと思われる。ただしその時代、特に幕末期における時代精神の形成にはある程度重要的に関与したことは、前章で明らかにしたとおりである。

篤胤の「霊の真柱論」の骨格をなす〝異界〟、もしくは現世とは本質的に異なる存在である〝異次元的世界〟とは、具体的にはどのようなものなのか、なぜそのような思想・志向性を有するに至ったのか、について考えてみたい。

百鬼夜行

この四文字のうち後半の二文字はもともとはやこうではなく〝やぎょう〟とも読んだ。つまりさまざまな鬼たち、人間とは質的に異なる存在たちは夜になると動き出す。夜は自分たちの時間であり世界であると活動する。一方、人間たちは昼間時、明るいときに限ってなにか業をするというふうな意味なのである。実際、古い民話類には夜間は生き生きと暴れまわっていた鬼たちが、朝になってニワトリが鳴きはじめるとあわてて帰り支度をする、というような物語類はいくらでもある。夜が明けたから自分たちの時間ではなくなった。退散しようということなのである。

つまり、元々は昼と夜とは別次元的事象のようなものだったのである。今日、たとえば昼夜連続して長期の旅行などをする場合、五泊六日などとしているが、それも元々は夜行五日昼行六日と言っていた時代の名残りなのである。実際、昼間時には全く姿を消していた鬼たちが夜になるとどこからともなく現れ、自分たちの時間になったと活動する物語は古い古い時代から少なからずあった。たとえば平安時代後期に成立した物語集『今昔物語』である。それには鬼たちが夜になると一斉に現れて都大路を練り歩いていたとの記載がある。なお、同物語は全篇「今は昔」で始まることでもわかるように昔話、つまり実際の記録ではなく民話・伝承物語のようなものであるらしいが、ともかく昼は通常の人間、夜は人間以外の異類、異種族たちが跋扈跳梁《ばっこちょうりょう》する時分であるとの認識は古い古い時代からあったのである。

そのような認識は江戸時代に至っても一般的であった。たとえば『甲子夜話』の次のような記載である。「節分の夜、鬼（というよりは鬼形をした客）が現れ、当主が吸い物を出したところ（ただし中身は食物ではなくただの石ころ）、サクサクと音を立てて食べた」。

もちろん、鬼の面をつけた客人が食べるマネをしただけ、つまり節分の夜の一つの行事だったのである。秋田におけるあまりにも有名な風習ナマハゲも昼に現れるのではない。夜間、専用の行事である（ただしナマハゲは節分ではなく旧正月の行事であるが）。そのように昼は人間が活動し夜は人間以外の異類が蠢動《しゅんどう》する時分であるというふうな認識は、世界各地に共通するものらしい。民族学者芳賀日出夫も次のような事例を報告している。

「オーストリアのある村では年越しに来る来訪神がいる。十二月三十一日の夜、鬼の面をつけ全身麦わらで被われている。そのような異装・異形で現れ、村の公民館に集まった子供たちにお菓子やおもちゃなどのプレゼントをしたりする」。

オーストリアの鬼は子供たちに恵みを与えてくれるだけの善神のようなものであるらしいが、秋田のナマハゲはもちろんそんなやさしい鬼などではない。むしろ悪神的である。夜間、雪まみれのまま居間にも客間にもドカドカと上がり込み、「言うこときかね子はいねか。だじゃくこく（わがまま言う）子はいねか」などとことさら大声を張り上げて子供たちを追い廻し、必死になって祖父母などにしがみつく幼少児を引きはがそうとする。祖父母などが「ナマハゲさん、もうだじゃくなどこきません、おりこうさんになります、ごめんしてけれ（勘弁してください）」と頼み込んでようやく解放してくれる、というような状況であった。私も中学生くらいになるとナマハゲに扮して集落内の家々を廻ったりしたものである。

ともかく古い時代、私たちの祖先には昼は人間、夜は人間以外の異種族・異類たちが活動する別次元的世界のようなものであるというふうな認識が、一般的であった。したがって人工の照明具などがあまりなく、夜は現代よりはるかに暗かった時代の人々にとってその夜間とは、今日的感覚では考えられないほど恐ろしい時間であった。実際、明治時代初期に東京～青森間の内陸部を徒歩で縦貫した英人女性旅行家イザベラ・バードは、そのときに雇った日本人人夫たちの印象をこう語っている。

「彼らは総じて善良的かつ良心的であった。買い物を頼んでも釣銭をごまかすようなことなど全くなく皆、自らの役目を忠実に果たしてくれた。その誠実さ純良さは、母国英を含め私がこれまでに至ったどの国の人種にもひけをとらず、どころかむしろそれ以上であった」。

ただし、とこうもつけ加えている。

「そのように人間性、文明性に関してはどの国の人種にもひけをとらないほどでありながら、彼らは夜の闇を異様なほど怖がるものだった。夕方近くになると一刻も早く宿舎に至ろうと皆、急ぎ足になるものだった。その対比がおかしかった」。

ともかく昼間時は人間、夜間時は人間以外の異類たちが活動する異次元的世界のようなものである、というふうな認識は明治新時代に至ってもあまり変わらなかったのである。

神隠し —— 子供の行方不明事件

以上を時間的異界論、つまりわれわれの祖先たちはかつては昼と夜とを別種的事象、次元的に異なった世界でもあるかのようにも認識していたとするならば、空間的異界論もあった。自らの居住する空間以外の地を異界ともみなすようなことである。そもそも山国日本でははるか古い時代から、通常人の居住する空間はごく狭いものだった。江戸時代になってもそれはあまり変わらず、人間の居住空間は河川の周辺部、小盆地部、海岸沿いのごく狭い平野部などに限られ、それ以外は広大な（人間の）非居住地帯が広がっていた。江戸時代後期に至ってもその人間の居住する空間は、全国土面積の一割にも満たなかったといわれる。加えてその江戸時代、各藩は機密保持のためもあり（いつ隣藩などと敵対的関係になるかわからない）、自領の地図などは公開しないものだった。したがってよほどの年齢になってもいったん自領を離れて他郷などに至ったりすると、自力では郷里には戻り着けなくなったりした。実際、そのような記録も少なからず残っている。現代では夕刊フジ、日刊ゲンダイにも相当する当時の日刊紙『瓦版』の文化七年（一八一〇）七月二十日号には、①②のような記事が載っている。

① 江戸の浅草で半裸の少年がぼんやり立っていた。奉行所が保護したところ、京都の安井家の家来伊藤内膳の倅安次郎（十五歳）と判明した。だが、当人もどうして京から江戸まで来たのかわからないという。

② 神田の大工の倅（十八歳）が突然、行方不明になった。八方、手を尽くして調べたがわからない。後に江の島で見つかったとの知らせがあり、家族が迎えに行って無事に連れて来た。

③ やはり江戸の浅草で九歳の少年が突然いなくなった。半月ほど経ったら長野の善光寺で見つかった

との知らせがあった。が、当人にもどのような理由で長野まで行ったかわからないという。――『甲子夜話』より。

以上三例はあるていど以上の年齢層の、つまり体力があり、したがって行動範囲もかなり広い少年の事例であるが、もっと幼い五、六歳くらいの子供の行方不明事件ははるかに多い、というよりは頻発していたものだった。そのように多いこともあり「神隠し」とも呼ばれていた。それこそ神様にでも隠されたかのように理由もなにもなく突然的に姿を消してしまう、ようなことである。実際、江戸時代後期のことであるが、金沢地方のあるあんまがこう語っていたとの記録がある。

④「この地も開けたものです。十年ほど前までは冬の暮れ方あたりになると、『迷子の迷子の○○やぁい』と叫ぶ声が街のあちらこちらから聞こえたものです」。冬の夕方は暮れるのが早い。他の時期のように遊びに夢中になっていたら、いつの間にかあたりは薄暗くなっていて帰るに帰れず、となってしまった子供が少なからずいたのである。

⑤柳田国男も『山の人生』の中で、これに類する話を載せている。「夕方あたり、通りなどでぼんやり立っている男の子を見たら『神隠し』にでも遭遇していると思い、気をつけるようにと村人たちが言い合っていた」。男の子としたのは女の子より行動範囲が広く、したがって通常の居住空間以外の地にまで至ったりしてしまい、突然的に暗くなったこともあり途方にくれる、となるケースが多かったためとも思われる。

⑥私たちの子供時代もそのような事例は少なくない、というよりは頻発しており、たいていの子供は一度や二度は神隠しに遭うと言われていた。私にもある。季節は忘れたが三、四歳ころのことだった

と思う。外で遊んでいて「突然的にあたりが真っ暗になったような思いがして、浜辺の方向に走り出していた。折よく気が付いた祖母が追いかけて来て海辺で抱き止めてくれたので事なきを得たが、祖母がいなかったらどうなっていたかわからない。同種の事例が少なくなかったためと思われる。私たちの田舎ではそのようなことを「もぞ」と称していた。白昼夢のような意味合いを有するらしい。柳田国男も『山の人生』の中で次のような自らの同種の体験を語っている。

⑦　やはり五、六歳の頃、外で遊んでいたら突然、「なにもかもわからなくなり、フラフラと山の方に向かって歩き出していた。が幸い、村の人が気がついて追いかけてきて抱き止めてくれた」。

事件的行方不明のケースもあった。やはり江戸時代後期の瓦版の記事である。

⑧　天明八年（一七八八）飫肥《おび》港（現宮崎県日南市）において、江戸から至った船の船倉で十五～十八歳ほどの少年三十人ばかりが監禁されているのが見つかった。江戸の町で誘拐されたものらしい。

昔は幼少年時の、特に男の子の死亡率が高かった。大体は成人するまでに三人に一人、ときには二人くらいも死んでいたものである（本稿の主人公平田篤胤家でも男の子が二人誕生しているが二人とも十一歳以前に死に至っている）。つまり子供を労働資源として考えた場合、その一人前の労働資源にまで育て上げるのが大仕事だったのである。というわけで最も手っとり早い、そして効率的なそれ（労働資源）を獲得するために江戸からそれら少年たちを拉致してきたのである。現代なら十五、六歳にもなれば宮崎から東京まで一人でも逃げ帰れるだろうが、そんな時代ではない。前述したように当時の人は地理的感覚は現代人よりはるかに希薄であった。江戸人にとっては宮崎の外れなど、今日的にいえばアフリカの山奥などよりさらに遠い。逃げ帰るにも帰れずとなってそのまま宮崎に居ついてしまった少年たちも、少なからずいたものと思われる。

そのように力ずくではなく、本人もあるていど納得ずみの誘拐的事件もあった。

⑨ 天明七年（一七八七）、夏から秋口にかけて会津から秋田地方に至る十五、六歳前後の少年の行方不明事件があった。十数人もいたらしい。怪獣にさらわれたとの噂が流れた（やはり当時の『瓦版』の記事。その瓦版には怪獣とやらの絵も載っている）。もちろん、拉致したのは怪獣などではない。当時の表現では人さらい人、現代でいえば職業斡旋人であった。「良い仕事がある」などと、少年たちを言葉巧みに誘い出したものらしい。誘い出される側も長男・次男ならともかく三男・四男にもなると、どうせ郷里に居たって生涯兄家の下男的境遇で過ごすしかない、それよりは新天地に賭けようと応じたものらしい。

また、正確な人数などは分かっていないが、少年たちのこのようなかたちの行方不明事件もあった。

⑩ 当時の寺は一般に女人禁制であったから、僧侶たちが「男色」の相手として七、八歳頃の少年を誘拐する。

自発的行方不明事件もあった。他力的にではなく自らの意志による行方不明、つまり家出である。その中ではっきり実名がわかり、また家出してからの状況も正確に判明しているケースをあげよう。幕末の頃の偉人勝海舟の父小吉のケースである。小吉は養祖母との折り合いが悪く十四歳の時、家から十両（今日的にいえば百万円ほど）の金を盗み出し、江戸の実家から家出した。上方目指して東海道を西下し、沼津にまで至った。が、沼津の宿で同宿した二人連れに有り金全部を盗まれた（当時、ほとんどの旅宿は相部屋であった)。以後、どのようにしたか、さすがは勝海舟の父である。それにもめげずそのまま旅を続けてまず伊勢神宮に至り、さらに同コースを辿って往復五百キロほどを一文無しで歩き続けて二か月後、無事に江戸の実家に戻って来れた。

とすればその間の食・住はどうしたか。まず、住の方は村か町の外れあたりにある無人の祠か社にしたらしい。それらはその地の住民の集会所的になっており、神棚や燈明もあり団子や赤飯などが備えられていたりする。他にも畑地では当時、サツマイモの栽培が普及しており、それらを失敬したりしたらしい(サツマイモは生でも食べられ、栄養価もある)。ともかく全くの無銭で二か月間、歩き通したものらしい。さすがは海隣丸の艦長として日本人初の太平洋横断航海を果した海舟の父である。海舟ももしかすると父から若い頃のそのような武勇伝を聞いていたりして、父の全くの無銭旅行に比べれば、衣・食・住も乗物も十分すぎるほどある自分の太平洋横断航海などものの数でもない、とでも思ったのかもしれない。なお、前記した①②③のケース、つまりやはりほとんど無銭で何十日か何百キロかを歩き通した少年たちも、途次は勝小吉と同様にして過ごしていたものと思われる。

次元的異界へ

以上は空間的異界、もしくは地理的異界に至ったというようなケースであるが江戸時代、他の異界もあった。「次元的異界」、つまりあの世・来世といったふうな「異世界」のようなところに至る、もしくはそのような世界を垣間見る、意識するようなことである。その種事例をやはり当時の記録類からアトランダムに拾ってみよう。

⑪ 田安家の馬廻り役高木久六、急病死のあと蘇生し冥途話語った。――よみうり瓦版。

⑫ ある男突然、姿を消した。何日かたって床下から憔悴して出て来た。本人が語るところによるとある日、女の子の迎えが来て竜宮城のようなところへ連れて行かれた。乙姫様に似た若い女性と知り合い、所帯を持って毎日を面白おかしく暮らしていた。男の子の後継ぎが生まれたので還ってきた。自分では三年ほど経ったと思っていたが、失踪していたのは三日にすぎなかった。——よみうり瓦版。

⑬ 天明二年（一七八二）、浅草のある町家の娘、嫁ぎ先で子を産んだ。が、産後の肥立ちが悪く子を残したまま実家に戻って死んだ。ところがその死んだ時分、婚家からその娘が久し振りに訪れて幼児に乳を飲ませて帰ったとの知らせが来た。——江戸中期における幕府の上級旗本根岸鎮衛の随筆『耳袋』より。なお根岸は今日では東京都知事にも相当する江戸町奉行まで務めた、当時としては最高的知識人である。また同記事には「幽霊なきにしもあらず」との見出しがつけられている。

⑭ 猫が縁側に止まっていた雀を狙って飛びかかったが逃げられた。その瞬間、猫が「残念なり」と叫んだ。——『耳袋』より。

⑮ なお『耳袋』には他にも「赤坂与力妻の亡霊の話」「狸が遊女を総揚げにして豪遊した話」「蘇生奇談（死人が生き返った話）」「⑬と同様、産後の肥立ちが悪くて婚家に幼児を残して実家に帰って死んだ嫁がその死んだ時分、婚家を訪れて赤子に乳を飲ませて帰った」という記載もある。

⑯ 遠州（静岡県）の相良寺にある日、異形の者が火車（生前に不行跡をいたした者を地獄に連れて行くための火のついた車）で迎えに来て、九歳の寺の小僧を連れて行くと言った。寺僧が十三歳まで待ってくれと言ったらそのまま帰った。

⑰ 同じく同寺で、寺僧の一人がかつて七歳のとき天狗にさらわれて越中の立山（現富山県、三〇一五メートル）に至り、十五歳のとき還された。が、その還されたときの服装は七歳の時に着ていたもの

と同じだった。寺僧はその間、山伏たちに囲まれて暮らしていたと語った。――⑯⑰は松浦静山の随筆集『甲子夜話』より。松浦も根岸と並んで当時の江戸社会では最高的知識人とされていた。

⑱ 夕方、戸外にぼんやり立っていた婦人がふと見えなくなった。何年か経って山からフラリと降りて来た。本人の話では異郷のようなところに行っていたとのことだった。――柳田国男著『遠野物語』より。

⑲ やはり同書に載っている話であるが、そのようにフラリと山に入ったまま行方不明になり、また何年か経ってからフラリと還ってくる者の中には子供もいた。それ以来、遠野地方では夕方、婦人・子供が戸外に立っているのを忌み嫌うような風習ができた。

⑳ 文政期（一八二〇頃）江戸の町では大きな火の玉が現れた。町の上空をあちらこちら飛び廻り、やがてどこかへ消えて行った。人魂（人間の霊魂）の集合であるとの噂が流れた。――これはプラズマ現象といって実在的事象であったものと思われる。やはりその頃、京都でそれが発生して大仏殿が炎上したとの記録がある。

㉑ 文化十一年（一八一四）頃、江戸の新宿で老婆王という名の地蔵様があり、困りごとのある人はそれに願掛けをすると効験があると信じられていた。その種の効験ばなしもいくつか伝わっている。

（一）病気になって働けなくなった職人が金に困り、「治ったら働いて返すからなんとかしてください」とその地蔵様に願かけをして、金貸しから借りた。病気が治って働き、その金を返しに行ったら、見知らぬ老婆が払っていたと知らされた。

（二）女中が月賦でちりめんの帯を買った。が、病気になって払えなくなり「治ったら働いて返すからそれまで頼みます」と、願かけをした。治ってから働きその月賦を払いに行ったら、見知らぬ老婆が来て払っていったと知らされた。

㉒ 年経た猫が母に化けて出てきたと勘違いした倅が、母を殺してしまった。が、死体はやはり母のままだった。倅が申し訳なく思い自殺しようとしたところ、老人から化け猫は死んでからもしばらくは正体を現さないものだから少時、待つようにとさとされ、待っていたら果たして死体は猫に変わっていた。

㉓ 三井財閥は元々は伊勢松坂の商人、江戸に進出し反物類を今でいえばかけ値なし、店頭での現金安売りで大当たりし（当時は訪問販売の月賦売りが主体、売り子らの経費がかさむこともあり反物類は高価なものであった）、巨万の富を築いた。が、そのために困窮した江戸の反物商人の自殺者が相次ぎ、それらの亡霊が三井家の当主の枕元に現れた。三井家では吉田神社の神主に大金を払って祈祷してもらったら、ようやく亡霊たちは出なくなった。

㉔ 江戸の町では当時、〇〇の七不思議といった怪談、妖怪変化ばなしが流行していたものである。その中の一つ「本所の七不思議」のいくつかをあげてみよう。

（一）おいてけ堀…　その堀で釣った魚を持ち帰ろうとすると、堀の中から「おいてけ、おいてけ」という声がする。

（二）狸ばやし……　どこからか祭礼のはやしの音が聞こえる。その方向へ行ってみるとそれらしい様子はどこにもなく、気がついたら無人の原っぱに呆然と突っ立っていた。

（三）足洗い天井…　その屋敷のある部屋では深夜になると天井から突然、大きな足が出てきて（この足を）洗え洗えとの声がする。

（四）片葉の葦……　本所のある原っぱに生えている葦には茎の片側しか葉が出ない（これは通常の

自然現象かもしれないが）。

㉕ 吉原のある遊女屋で病気になって働けなくなった遊女に、やりて婆がろくに食事を与えなかった。遊女は空腹に耐えかねて盗み食いをしたら見つかり、柱にくくりつけられてそのまま死んでしまった。以来、その柱付近では遊女の幽霊が出るようになった。

㉖ 江戸の町のある大工の女房突然、眼が痛くなり突っ伏した。とたんに眼から真珠の玉が飛び出た。その次の日も出た。

以上は主として想像や錯覚を伴う怪異譚であるが、ある程度の実在性が関係しそうなそれもあった。

㉗ 浅草で眼力太夫と言われた十五、六歳の少年がいた。眼の玉の出し入れが自由で、しかも眼の玉に力があり（眼の玉に）ひもをつけて物をぶら下げられた。

㉘ やはり浅草で雷獣の見せ物があった。雷獣とは雷とともに落ちてきて人畜に被害を与えるという伝説上の獣である（これはイタチの変種だったらしい）。

㉙ 身長二尺（約六十センチ）くらい、頭と足だけで胴体部分がほとんどない人間の見せ物があった。自力では移動できなかったが足が手と同様に動かせ、足指で箸を持って食事ができた。

㉚ 同様に浅草では鬼娘の見せ物もあった。頭の両側に細長いこぶのようなものがついており、木戸銭を払って小屋の中へ入ると見られる。

㉛ また浅草では「生首」の見せ物もあった。人間の首だけを（どこか墓場などから掘り出してきたのか）、やはり木戸銭を払って小屋の中へ入ると見せてくれるのである。

㉜ 文化二年（一八〇五）越中の国四方津（現富山県湊市）の漁師が人魚を獲った。体長七尺（二・一

メートル）くらいで上半身が人間、下半身が魚で、当時の瓦版にはその絵も載っている。

これらのうち、他はともかく㉖㉗は信じがたいが、㉖は荻生徂徠の随筆集『徂徠学案』から、㉗は『井関隆子日記』からの抜粋である。両者とも当時の江戸社会では最高的知識人とされており、特に徂徠は前述『日本思想史の名著30』にもその著書『政談』が選ばれていることからもわかるように、当時だけでなくそれこそわが国の学問の全歴史に名が残るほどの最高的知識人。その徂徠がこれであるからそれ以下の並みの知識人、一般人はそれ以上に怪異的現象や異界、異次元的世界のようなものを現代人よりははるかに身近に感じ、また相当程度までそれらの実在を信じていたものと思われる。

さまざまな怪異論

ついでに中国におけるそれら怪異譚をいくつかあげてみよう。出典は紀元前二～三世紀頃に成立した『神仙伝』である。なお紀元前三世紀といえばわが国ではまだ弥生時代をようやく脱しえた頃であるが、中国の特に揚子江中流域あたりには感覚的には今日とそれほど違わないくらいの最先進的文化人が、少なからず存在していたといわれる（孔子はそれより二百～三百年ほど前の人）。

㉝　その頃、趙の国に琴高という妖術遣いがいた。ある種の妖術を使ってこの世を彷徨すること二〇〇年あまり。だがいつになっても二〇歳前後の若者にしか見えなかった。染物の原料である紫草を見つけるのが得意で、山中でそれを採って染物屋に売り、その代金を寡婦や孤児たちに恵んでいた。村人たちは後に琴高を祀る祠を建てた。

㉞　常山に棲む道人（仙術を極めた人）、木イチゴを常食としておりやはり二〇〇年あまり生きた。あ

るとき竜の子を獲ってくるといって池に潜った。はたして（竜の子と称する）赤い鯉に乗って現れた。多くの村人たちはそれを見た。道人はそのまま数か月ほどその地に留まっていたがある日、また鯉に乗って池に潜り姿を消した。

㉝はともかく、㉞は一見して真面目に考えて作ったものではないガセネタとわかる。他にも村人たちを悩ませていた虎を金しばりの術をかけて手なづけたという仙人の話とか、その種怪説・珍話のオンパレードである。儒学にいう「怪力乱神を語らず（不思議的現象に関しては敬して遠ざける）」ではないが、通常の感覚を超えた事象・現象に関しては（どうせ考えてもわからないのであるから）あえては触れない。どうしても触れざるを得ないような場合は、その場限りの珍話・珍説で（その場を）糊塗するといったふうな態度である。

ついでに言うと、わが国における江戸時代以前の、つまり儒学・儒教の影響が（江戸時代より）はるかに強大的であった室町・鎌倉期あたりの怪談・怪異譚などの多くは、たとえば鎌倉中期の頃の説話集『塵袋』では、池の面に浮かんでいた葉っぱが突如として大鯉に変わったとか、白鳥が人に化けたりと全篇『神仙伝』的珍話類のオンパレードである。平安末期の頃の説話集『日本霊異記』となるともっとひどい。洪水で川を渡るのに難渋していた旅人を大亀が乗せて渡してくれたとか、仏像を盗んだ盗賊が背負っているうちに次第に重くなり、とうとう背負えなくなって投げ出したところ、仏像はいつの間にか大きな石に変わっていたとか（これは説話かもしれないが）、全篇その種ためにする珍話ぞろいである。本居宣長が徹底した儒学嫌い、中国嫌いになり、はては中国民族を西方の野蛮人と規定した『馭戎慨言』を著したくなる気持ちもわかる。ついでに言うと、宣長の怪談ばなし、怪異的現象に対する態度はこのようなものだった。

（一）まず「人間的世界、つまりこの世における不合理的、もしくは不条理的事象とはすべからく『マガッヒノカミ』という悪神のしわざである」と規定した。

（二）さらに「その悪神が荒れ狂うときは善神といえども制御などできず、ただ手をこまねいて見ているしかない」とも規定した。

インテリらしくまだるっこい高踏的表現であるが、ようするに妖怪変化のような怪異的現象はこの世で悪神が荒れ狂っているようなもの、つまり存在するということである。宣長と同時代人にして国学上のライバル上田秋成（宣長が四歳上）は、『雨月物語』『春雨物語』など怪異譚の作者であることからもわかるように、それらを信ずる派の巨頭であった。なお、秋成は一般には怪異物語の作者としか受け止められていないようであるが（高校日本史の教科書にはそのようにしか記されていない）、国学における大家でもある。二人が交わした国学上のある音韻に関する論争（万葉時代あたりの人はある特定の音韻をどう発音していたかに関するものだったらしい）は、江戸中期の国学界における最高レベル的討論ともされているらしい。またその論争は秋成の方にむしろ分のあるものだったと伝えられる。

明治新時代に至っても幽界、霊魂といった怪異的現象の存在を信ずる、当時としては最高的知識人は少なからずいた。その一人がわが国における近代哲学の唱導者にして東洋大学の創設者、井上円了（一八五八～一九一四）であった。井上はまず近代哲学者として、怪異的現象は存在するとし、それらを次のように分類した。

怪異的現象

（一）偽怪……偶然的にそうなっただけで、ごく普通の自然的現象。もしくは体験者の錯覚的事象。ほとんどの怪異的現象はこれに属する。

（二）真怪……本物の不思議。ごく稀にしか存在しない。ただし科学の発達により後に真怪ではなくなったりするものもある。

前記①～㉞についていえばほとんどは（一）の偽怪のようなものであるが、ごくごく稀には⑱㉙のような真怪的事象もありうるということである。⑱は山棲みの人たちに養われていたことも考えられる。江戸中期あたりまでは平家の落人集落ではないが、山間部には古い古い時代から里人とほとんど交流せず、彼らだけで独自の集団を作って隠れ棲んでいた種族も少なからずいたと伝えられる。また㉙は偶然的にそのような変異的人種も生まれたりするらしい。ただし現在では生まれるとまもなく処置してしまうらしいが。また⑳のプラズマ現象のように当時では理解不能的現象であったが、科学が発達した結果、後にはごく普通の自然現象に至るケースもあり、同様に⑪のように科学の発達により今日では不思議でもなんでもなくなった事象もある（昔は死の判定基準があいまいで、息が止まったら即、死ともなった。が現在では止まっていた息が後になって吹き返すケースもありうるらしい）。

なお、井上の妖怪論は近年、別の意味で脚光を浴びつつある。「次元」というモンダイに関するものである。このわれわれが現に生きて暮らしている世界はいうまでもなく、縦・横・高さという三種の要素によって規定される三次元的空間である。ごくごく微小的、もしくは極大的空間では時間というもう一つの要素を加えて四次元的にもなりうるが、とりあえずわれわれの通常の感覚でとらえられる世界は三次元的としても、それほどの不都合はない。

ただしその三次元的世界は常時、そのようになっているというわけではなく、ときには四次元どころか、五次元、六次元……ともなりうるらしいのである。ただしそのように至るのは世界全体的にではなく、ごくごく局所的空間に限られているらしいが。その種事象を専門用語では「次元の破れ」というらしい。つまりこの世でもなにかの拍子かなんかで突然的に、またほんの局所的でしかもきわめて短時間的にではあるが、高次元的空間が現出したりするらしいのである。とすれば三次元的空間では肉体と共に亡び去ってしまった（とされる）人間の霊魂のようなものが、高次元的世界では現出したりする、もしくは残存していたりするというふうな可能性も絶無的ではないらしいのである。ただし、そのような事象に関し、具体的状況がどのようになっているのかなどはほとんどわかっていないらしいが（それがわかれば、つまり数式などを用いて詳細に説明ができればノーベル賞が二つも三つももらえる）。がともかく井上のいう「真怪」的現象も、さらに篤胤の説く「異界」的事象も、それらが現出する可能性は完全にゼロパーセントというわけでないことは、確からしいのである。

怪談のショー化

江戸時代中後期のはなしに戻ろう。前述したようにその頃、真怪・偽怪を問わず、不思議話、怪異譚が横行していた。それはある種の時代風潮のようなものでもあった。江戸もすでに二百年、時代も人も変化・変革を求めていた。が、まだまだ幕府の権威も権力も衰えておらず、政治・経済方面での変革は期待できなかった。大衆の関心や志向はいきおい、エロ・グロ・ナンセンス的事象にも向かわざるを得ないものだった。そのナンセンス的事象の一つが、怪談物語の横行であった。お岩さんの亡霊で有名な鶴屋南北作の『四ッ谷怪談』が中村座で上演され、連日超満員の盛況に至ったのもその頃（文政八年・一八二〇）のことである。そのような他人まかせの見世物にあきたらず、自ら怪談物語を創出する徒輩もいた。その一つが「百物語怪談会」の流行である。夜間、多人数が一室に集まり、まず百本のローソクを灯す。各人、順次に一話ずつ怪談ばなしをする。一話終わるごとに一本ずつローソクを消す。八十話、九十話くらいになるとあたりは薄暗くなり、百話終了すると真っ暗闇に至る、というような趣向である。

個人で百話とまではいかないまでも三十話をした猛者もいる。姓名も伝わっている。備後の国三次藩（現広島県三次市）の江戸詰め藩士稲生家の跡取り息子平太郎（十六歳）である。平太郎は夜な夜な妖怪変化に悩まされた。一夜ごとに別種の妖怪が現れた。一つ目小僧、三つ目小僧、大天狗、小天狗、顔だけの老婆、ろくろ首、天井から突然大きな足がぶら下がってきたりと、ありとあらゆる妖怪変化が出現した。が、平太郎は少しもひるまず、泰然として妖怪たちと応対し続け、とうとう三十日目には妖怪の親玉と称する大天狗が現れ、「お前には参った。降参の印にこれを置いていく。今後、自分が必要になったら、これを鳴らしてくれ。いつでも飛んでくる」と、鈴を渡されたと伝えられる。

これには後日談がある。その頃、篤胤は異界研究に入っていた。こんなエピソードを逃すわけはない。実際に稲生家を訪れて平太郎に綿密に取材している。さらにその取材にもとづき『稲生物怪録』を著している。それは平太郎が見たという三十種の妖怪の絵まで載っている詳細なもので、専門の絵師に描かせたものと思われる。それにしても三十枚の絵の画料だけでも相当にかかったはずなのに、とにかくやる以上は徹底的にやる。他人は十あるうちせいぜい七か八で終わるなら、自分は十全部やってやる、というような篤胤の性格がよく出ている怪異物語集である。

なお、怪異物語のショー化は明治新時代になっても続いた。さらに私たちの少年時代になってもその種はなしは絶えなかった。ついでにその昭和期の怪談ばなしにまつわるエピソードをあげておこう。当時は終戦直後の物のない時代。学校では物品の盗難事件が頻発していた。その警備のためもあり男性教師は交代で学校で宿直していた（今は専門の警備員がいるらしいが）。テレビもスマホもない時代、教師は夜間の無聊のなぐさめに生徒を何人か呼んで、一緒に泊まり込んだりしていたものである。私も中学生の頃であるが何回かその経験がある。皆で夕食にカレーライスなんかを作って宿直室で雑魚寝し、翌朝はそのまま授業をしたり受けたりする。その雑魚寝のさい、教師はよく怪談ばなしをしてくれた。だいたいは自らの出身校である秋田師範（現秋田大学教育学部）の七不思議というようなものだった。その中で今でも記憶に残っているものもある。

「秋田師範では夏休みが終わり、二学期になって生徒が集まった。授業が始まるやいなや、教師はこう口を開いた。皆さんに残念な話をしなければなりません。○○君は休み中、海で溺れて亡くなりました。○○君のご冥福を祈りましょう」。

その途端、何人かの生徒は背筋が凍る思いがした。そして口々にこう言い合った。「○○ならさっきまでいたぞ」。「そういえばなにか元気がなさそうだった」。だが、あらためて○○の席を見たら、さきほどまでは確かにいたはずの彼はいなくなっていた。

ついでに私の村に伝わる有名な怪談ばなしを一つ。私の村は日本海岸のわずかな平地部にへばりついたような寒村、村内にはほんの自給自足が可能な程度の耕地しかなく、生活費の多くは江戸時代以来、北海道方面の漁場などへの出稼ぎでまかなっていた。私の生家ももちろんそうであり、父は出稼ぎが常駐的に至り船乗りになったが。

そのような出稼ぎ者の一人で新制中学を出たばかりの新米漁師がいた。冬真近の頃、アキアジ（鮭）か何かの網揚げ作業のときだったらしい。その新米漁師は誤って海に落ちてしまった。折悪しく海は荒れだしていた。夜間でもあった。探照灯などない時代である。もちろん網揚げ作業を中断して探し廻った。が結局、その新米漁師を救助することはできなかった。その船には新米漁師の父親も乗り組んでいた。船が新米漁師の救助を断念して帰港しようとした際、父は息子が落ちた海域に向かいこう叫んだ「〇〇（新米漁師の名）家さ行けよ」。

その夜間、〇〇の実家では不思議なことが起こっていた。雪を踏みしめて誰かが来た、ような気配がした。外に出てみると誰もいない。家人は胸騒ぎしてその夜を過ごした。果たして翌朝、「〇〇海に落ちて行方不明」との電報が至った。

当時は各家々に古くから伝わるその種怪談話があったものである。我が家に関するそれを一つ。私の十歳以上も年上の長姉にまつわるものである。やはり終戦直後のことであった。長姉は高等小学校を出るとまもなく、関東方面のある紡績工場へ女工として出稼ぎに行った。働き手が少ない時代、十五、六の少女でも貴重な戦力であった。が、給食が十分でなく、また労働環境も粗悪的であったらしい。労咳（結核）にかかり結局、その工場の寮で死に至った。終戦直後の昭和二十二、三年のことだったと聞いている。そのように姉が死に至った時分の夜更け、実家では奇妙なことが起こっていた。屋根あたりで「ドーン」と、何か大きな物が落ちたような音がした。家人は胸騒ぎして夜明けを待った。はたして翌朝「ヨシミ（姉の名）シス」との電報が至った。

ヨシミは祖母にとって初孫であった。母は野良仕事に忙しくヨシミは祖母が一人で育てたようなものだった。私は祖母からこの話をなんべん聞かされたかわからない。その姉が死に至った時、私はまだ五、六歳。深夜の物音など覚えているはずはないが、「ウソでも百ぺんも聞かされれば本当になる（というと祖母にも母にも申し訳ないが）」との俚諺のとおり、確かにそのような音がしたような記憶が今でも残っているのは不思議である。

なお、私たちの子供時代「ござれ」という風習があった。七夕の夕暮れ時、浜辺に麦わらを高く積み上げてそれに火をつける。子供たちはその分火のたいまつを手に手に持って、「ござれ（おいでなされ）、ござれ」と叫びながら海辺をかけまわる。遠く海の彼方から先祖の霊などが生まれた村へ、そして生家へと迷わずに至れるようにとの目印で、古い古い時代からの風習であるらしい。そのような風習も今は絶えて久しいと聞いている。

死刑もショー的

ともかく江戸時代中後期の、特に後期の文化・文政・天保期（一八〇〇年代前半）あたりはエロ・グロ・ナンセンス的事象の横行、この世とあの世の区別もあまり定かでない、というふうな世相・世情にも至っていた。その究極的事態もあった。死刑が一種のショー的にも扱われていたことである。

まず、死刑の見物が許されていた。処刑場には一般人もほとんど自由に出入りできた。特に微罪の者たちに対しては、再犯防止のためもあり、むしろ強制的に死刑を見させていたりした。小伝馬町の牢舎では一人ずつでは面倒と、大体は数人まとめて処理していたものである。一日に、それも午前中だけで八人も処刑したとの記録も残っている。見物人も処刑慣れしていた。朝からその八人の処刑を見学し、そのあと町へ出て昼食をとり（どんな気分で食べたのか）、さらに買い物をして帰ったとの見物談もある。明治二年のことであるが、水戸藩のある処刑のさい、少年たち数人が刑場の塀の破れ目から入り（刑吏も黙認していたらしい）、その一部始終を見ていたとの記録もある。

見物人がこうであるから、被処刑者も処刑慣れというとおかしいが、なにかそんなふうな感覚でもあった。当時、罪人は処刑される前、縄で縛られて馬に乗せられ、市中を引き廻されたりしたものである。そのさい、見物人に見栄をはって馬上でろうろうと都々逸をうなったりする徒輩もいた。その人物の名も伝わっている。奥坊主清吉という。奥坊主、つまり藩主やその家族たちに仕える僧体の雑用係という自らの地位を利用し、手文庫などから何か金目のものをくすねたりしていたらしい。現代ならその程度なら微罪ですむが、十両も盗めば死刑の時代である。冥途へのせめてものみやげにと、自慢ののどを披露したものらしい。もっと上手もいた。やはり市中引き廻しのさい、馬上で辞世の歌などを声高く唱えるのである。その歌も伝わっている。

「鳴かざれば捕らわれましをうぐひすの、初音あだなる春の初声」。

例の「鳴かずば雉子も撃たれざらまし」を本歌とした、罪人としてこの世から消してしまうには惜しいような結構な出来栄えである。

ともかく死刑は一種のショー的にも扱われていた。したがって被処刑者も精一杯見栄を張る。講談で有名な国定忠治こと長岡忠次郎（本名は長岡忠次郎であったが、上州（現栃木県）国定村の生まれとあって通称はそうなった）も、その一人であった。忠治は処刑される直前、刑吏から末期の酒を一杯すすめられた。それを飲み干したら刑吏が「もう一杯どうだ」と注ごうとしたところ、こう言ってそれを断った。「死ぬのが怖くて酔っぱらったと言われたら末代までの恥」。

なお、忠次の処刑は公開であった。多勢の見物人注視のもと、十字状の処刑柱にくくりつけられて一間くらいの高さに掲げられ、斜め下から二人の処刑人が槍で突き刺す、というふうなものだったらしい。ともかく見る側も見られる（処刑される）側も、死に対する感覚が現代人とはかなり異なっているというふうにも見受けられる。死でなにもかもおしまい、あとは一切合財なにもなし、というふうな感覚ではない。なにか新しい世界、それこそ異次元的世界への旅立ちの門出といったらおかしいが、そのようなところも見受けられる。それは前述した「三パーセントの壁」という、統計学上の定理も関係するのかもしれない。

さきに私はこう述べた。いかなる思想・信条・正論・愚論・極論といえどもそれらに対し、すべての人が等しく同等的反応を呈するわけではない。少なくとも三パーセントほどはそれに異を唱える、もしくは反的感情を有する人士もいると。さらにそのような志向性などは常に一定的というわけではなく、その時々の状況によって変わりうるとも。

その定理を死にあたっての個人の反応というモンダイに適用してみると、まず、死ですべてが終了してあとはなにもなし、というような思想・志向性を信ずるか信じないかであるが、今日ではそれを信ずる派が圧倒的多数ではないかと思われる。ただし、なにか来世かは知らないが、そのようなものの存在を信ずる派もごくごく少数ながら存在するのではないだろうか。そしてそのような志向性などは常に一定的というわけではなく、その人物が置かれた状況によっても、たとえば健康で普通に生きているときと、死の直前とでは異なっていたりする、ということである。すなわち、処刑される直前の忠次の、さらに前述、馬上で朗々と自作の歌を披露した徒輩に関しても死ですべてが終わり、あとは一切合財無的、といったふうな感覚ではない。ともかく篤胤の異界論の背景には、以上のように死刑が一種のショー的にも扱われていたという時代風潮のようなものが存在することは、確かではないかと思われる。

なお、そのような状況はもしかすると今日でもそれほど変わっていないのかもしれない。もちろん、現代ではは公開などではないが（ただし房内の雰囲気でそれらしいと大体はわかるものらしいが）、また刃物を用いるというような残酷な手段ではなく、毒物注射であるらしいが、その執行の直前、教戒師などが講話のようなものをするらしい。天国・極楽というほどではなくとも、なにかそれらしいことに触れたりもするらしい。それらを被処刑者がそのまま信ずる、というほどではないにしろいくらかは、少なくとも三パーセントくらいは信じたいような気分に至る者も、いるのではないだろうか。

天狗小僧寅吉の異界体験

篤胤の主著『霊の真柱』は人間の死後の霊魂の行方、つまりこの世とは次元的に別種的世界、異次元的世界のようなものの存在を信じ、それについての考察・論考を試みた著作である。その原体験はおそらくは序章でのべた雄勝峠での幻聴体験にあった。篤胤は数え年二十歳時の一月九日（新暦では二月中旬頃）、郷里にいても未来はないと秋田を出奔した。奥州街道を南下し、翌々十一日、秋田・新庄藩境の雄勝峠（四二七メートル）を越えようとした。峠付近は猛吹雪であった。同行者も先行者もいない単独行である。白一色の世界とあって方向を見失い、あちらこちら彷徨したりした。遭難寸前的事態に至ったさい、篤胤に言わせれば頭上から〝左り、左り〟という野太い声が三度まで聴こえた。その声の指示どおり左方向に進んだら本道に出られ、辛うじて雄勝峠を越えられた。

以来、篤胤は死に至るまでの約半世紀間、自らの知的・体力的エネルギーの半分とまではいかないまでも、もしかすると三分の一から四分の一ほども、その幻聴の源泉ともいうべき「異世界的事象」の考研に費やしたといってよい。それに関する事項を年代順にあげてみよう。

①雄勝峠での幻聴体験。二十歳時。
②『新鬼神論』著作。三十歳時。
③『稲生物怪録』著作。三十一歳時。
④『霊の真柱』著作。三十七歳時。
⑤『鬼神新論』著作。四十五歳時。
⑥天狗小僧寅吉を知り、一年ほど同居して取材。四十五歳時。
⑦寅吉の証言をもとに『仙境異聞』著作。四十五歳時。
⑧『古今妖怪考』著作。四十七歳時。
⑨再生人間勝五郎を知り、同行取材したりする。四十八歳時。
⑩『勝五郎再生記聞』著作。四十八歳時。

以上でもわかるように、特に『霊の真柱』の出版で名が売れて門人が増え、生活が安定した四十代後半あたりからは、篤胤は自らの知的・体力的エネルギーのかなりの部分をその〝異世界的事項〟の考察、研究に費やしている。その篤胤の異世界研究に重要な役割を果たした二人の少年との関連をのべておこう。まず天狗小僧寅吉である。

寅吉は七歳のとき、天狗か山伏かに誘拐されたかして常陸の岩間山（現茨城県）に至り、仙界を見てきたとか言って、江戸で評判になっていた。さらにそのさい、天狗に伴われて天空を飛翔し、諸国を巡り歩いたとも称していた。加えて仙界で修行してきたこともあり予言めいたことを口にし、それがよく当たるともいわれていた。篤胤にとって、自らが主唱する「異界論」の考研のための絶好の資料ともなりうる。

というわけで篤胤はその天狗小僧とやらを一年ほど自家に住ませて同居取材し、その記録が今日まで伝わっている。(『仙境異聞』〈岩波文庫〉)。同書から寅吉が見た(と称していた)仙界における神聖的行事の一つ、「七生舞」の詳細を再現してみよう。なお七生舞とは七生の舞ともいわれ、それを見た者は七度の人生を生きられる、つまり永遠的生命が得られるという聖なる行事であるらしい。

まず、舞をする舞台は学校のグランドくらいの広さの平地で、中央部には柱(神柱)が一本建っており、その警護人らしい人物が二人控えている。その広場の周囲には雲がたなびき、その雲海を突き抜けて峰々がそびえているところを見ると、それこそ天上界のような場所らしい。さらに神柱の傍には五人一組の楽器奏者が二組、それらの外周には正確に五十人の踊り手が円周状になって舞を舞っている。加えてそれらの警護人らしい人物が数人と、合わせて七十人ほどの人物すべてが中国風の道服(ガウン状のだぶだぶした服)を着用し、全員が鐘馗様のようなひげを生やしている。篤胤は寅吉の証言をもとにして以上を絵師に依頼して描かせたのであるが、その七十人ほどの登場人物の表情まで詳細に描かれている。それにしても人物だけでも七十数人、それらの姿態を極彩色で描き分けるだけでも相当の手間ヒマがかかり、したがって画料もかさんだものと思われる。がともかくやる以上は徹底的にやるというふうな篤胤の性格がよくうかがえる絵である(以上『別冊太陽・平田篤胤』〈平凡社〉より)。

なお、七生舞とやらは特定の曲を演奏するのではなく五十音のア、イ、ウ、エ、オ……を一音ずつ長々と奏するもので、そのこともあって五十人の舞い手が必要ということらしい。もちろん篤胤は後に寅吉を連れてその七生舞とやらが行われたという岩間山に行き、その場所を突き止めようとしたが、それは発見できなかったと伝えられる。

脳は情報を創造することはできない

以上、仙童寅吉事件を現代の脳科学（大脳生理学など）をもとにして検証してみよう。まず現代の脳科学には次のような定理に近い〝定説〟がある。

「脳は情報を組み合わせたり、その一部をとって組み合わせたりはできるが、その組み合わせたりするさいにもとになる情報そのものを、自分で創造することはできない」

子供のおもちゃのプラモデルの電車にたとえると、電車を何両か連結したり、レールなどを何本かつなげたり信号機を置いたり立体交差にしたりと、いくらでも複雑な模型が作れる。だが、そのようにすでに出来上がっている各パーツ類を組み合わせたりはできるが、その組み合わせたりするさいにもとになるパーツそのものは子供は自分で作ることはできないと同様、脳も既知の情報類を組み合わせたりはできるが、自分にとって全く未知であった情報類を新しく創造することはできないのである。どんなに優秀な脳でもそれは変わらないのである。

それは何かの学習に関しても同様である。よく、小学校高学年程度の児童が大学入試レベルの数学の問題が解けた、というようなことが話題になったりする。実際にそのような事例も少なからずあるらしい。だが、それはその児童が小学校レベルの算数しか学習していなかったのに、頭脳がそれこそ天才的に優秀だったりしたためそのようにも至るのではなく、まず中学レベルの数学を一年レベル、二年レベル……と正確に順を踏んで学習して行き、高校レベルも同様に学習した結果として大学入試レベルの問題が解けるようにもなるので、どんなに優秀な小学生でももちろん中学生、高校生でもその段階を一段階でも省略したら、プラモデルの電車のレールが途中で切れていたらそれ以上は進めないと同様、それより上の段階には進めないのである。また中学生や高校生がそのように数学を学習する場合、たとえば中学二年生レベルの問題だったら、それを解く方法類を誰かに教えてもらったりし、または教科書や参考書類を読んで解法を覚えたりしてようやく解けるようにもなるもので、それら解法類を独創することは、やはり子供がプラモデルの電車の各パーツ類を自分で作ることができないと同様、どんなに優秀な頭脳でも不可能的なのである。

ついでにいうと私はこの定説を利用して、というよりはこの定説が真であったからこそ半世紀ほど生きてこられたといってよい。私は学生時代から算数・数学関係の家庭教師、学習塾・予備校教師を何件かけ持ちしてきた。その仕事が忙しくなりすぎ、またその頃ヒマラヤ登山を計画していたこともあり一般企業に就職せず結局、生涯一学習塾・予備校教師として生きてきた。三十代前半の頃、算数・数学に関しては前述、脳科学上の定説が確かに真であることに自分で気がついた（というと大げさであるが、算数・数学教師を十年もしておればたいていの人はそれくらい気がつける）。それまで算数・数学に関しては「できるできないは頭脳の良しあしといった素質的なものにより多く規定される」というような〝常識〟があった。私はそれは違うのではないかと思い、三十代半ばころ『数学は暗記科目である』〈原書房〉を出版した。同書の主旨は算数・数学のできるできないは頭脳の良し悪しといった素質的な要素などより、学習する各段階を一つの段階も一つの項目もおざなりにせず、いかに丁寧に仕上げていけるかにより多く規定されるとした、当時の数学界における〝常識〟に反するものであった。

幸いにも同書は当時としてはベストセラー的売れ行きを示し以後、一部のマスコミからは数学の大家のような扱いを受け（もちろん私の数学などそんなレベルではない）、数学関係の参考書・問題集・学習指南書類の著作の仕事が入ったりし（二十冊くらいあるのかもしれない。興味のある人はインターネットで『渡部由輝・本』で検索して見てほしい。自分では気恥しくてあまり見ていないが）。つまり前記脳科学上の定説が、確かに真であったからこそ、私は半世紀近く生きてこれたといってよい。ともかく「脳は情報類を組み合わせたり、その一部をとって組み合わせたりはできるが、その組み合わせるさいにもとになる各パーツ類は、自分で独創することはできない」のである。

ところが、仙童寅吉事件はその脳科学上の定説に完全に背馳している。七つや八つの子供が実際に見たことも聞いたこともないはずの七生舞とやらを微に入り、細に渡って語れるわけはない。ついでに言うと七生舞とやらは仙界における伝説上の行事で、現実世界ではわが国の宮中においてももちろん仙術の本場中国においても、かつて一度も行われたことはなかったはずである。というわけで仙童寅吉事件に関する私の結論は篤胤の「誘導的尋問」である。

少々変わった性格の、特に空想好きの子がいるとする。七つか八つで生活体験や社会経験が少なく、現実と想像の区別がまだあまりつかないような低年齢の、特に男の子にはそんなタイプがよくいるらしい。そのような子にたとえば篤胤が「お前の行っていたという仙界とは高い山のてっぺんあたりにある、広場のようなところではなかったのか」というような質問をし、寅吉が「そういえばそんなところだった」と応じ、さらに「その広場の真ん中には柱が一本建っており、その周りには大勢の仙人が舞を舞っているのではなかったのか」……と順次に問いつめていき、寅吉がいずれも「そのようだったと」と肯定し、その総和が前述「七生舞」とやらの絵にも至ったのではないかということである。

それは篤胤の異界研究の発端ともなった「雄勝峠での幻聴」に関しても、同様的ではなかったのか。もちろん、そのような「声」が実際に聴こえたわけではない。風の音、地吹雪が舞う音、樹々が揺すぶられる音、枝々がこすられる音々が複合的に作用し、そのようにも聴こえたりしたものと思われる。なお、冬山経験者はよくこんなことをいう。吹雪に遭って方向を見失ったような場合、迷ってあちらこちら動き廻ったりするのが一番いけない。そんなときはたいてい狭い範囲を円陣状に動いているだけのものであるから（そのようなことを登山者用語ではリングワンデルングというらしい）。それよりはとにかく一つの方向を定め、それに向かって突き進む方が生還できる確率が高い。篤胤も結局は一つの方向を定め、迷わずにそれに突き進んだことが生還につながったのではなかったのか。

なお寅吉は結局、仙界からの呼び出しがかかったとか言って一年後、篤胤のもとを去ったのであるがそのさい、篤胤は仙界の親玉とかいう大天狗（高根大神とか言ったらしい）とやらあてに書簡を託している。ただし、寅吉は篤胤のもとには二度と現れなかったらしいから、その返書は受け取っていないと伝えられる。

生まれ変わり人間勝五郎

篤胤はもう一つ、仙界というよりは異世界的事例の探索をしている。当時、やはり寅吉と同様江戸で評判になっていた生まれ変わり人間、勝五郎に関してである。寅吉が仙界とやらへ還った次の年、やはり寅吉と同様に不思議なことを口にし、江戸社会を騒がせていた勝五郎という十五歳の少年がいた。勝五郎は「自分は元々は勝蔵といって現在地より一里半（六キロ）ほど離れた隣村で生まれたが、（勝蔵は）七歳のときに死んでしまい、現在の地に生まれ変わった」などと言っていたらしい。そんなことをしきりに言うので家人が試しにその村に連れていったところ、勝五郎はその村（現東京都中野区）には初めて行ったはずなのに、かつての自分の生家をズバリと当て、その家では実際に幼時に亡くなっていた少年がいたという。さらにその家では昔はあの木はなかったなどと言い、それも事実であったらしい。また寅吉と同様に時折予言めいたことを口にし、それも良くあたったという。そのような話を異界探索人篤胤が逃すわけはない。実際に勝五郎に会い、どころか短期間ではあるがやはり自家に同居させて綿密に取材している。さらにその結果を『勝五郎再生記聞』という一書にまとめている（文政六年、一八二三、同書は岩波文庫に所収されている）。

以上二例（寅吉と勝五郎）を現代科学的に検証してみよう。まず両者の予言が良く当たることである。それは確率論的に説明が可能ではないかと思われる。将来に起こりうる事態に関しては、たとえば「○月○日にどこそこの橋が落ちる」というような日時、場所などが特定できる事象に関してならともかく、「どこどこの方向は不吉であるから行かないほうがよい」とか、「近いうちにあの家では不幸的事態が発生する」といったふうな漠然的予言だったら、災害や不幸・不運事が今日よりはるかに多発的であった当時、それが的中する確率はかなり高くなる。さらにその的中にしても、被予言者は予言者にはその種不思議的能力があるというふうな先入観のようなものがあったりして、それにも規定されて実際にはそれほどの的中ではないのに、拡大的に解釈したりして〝的中した〟というふうにでも至ったのではないかということである。

それは勝五郎の「生まれ変わり事件」にしても同様的である。勝五郎をかつて自分が勝蔵時代に生まれていたという村に連れて行ったとする。全く初めて行く村でもその家は勝五郎の現住地より六キロくらいしか離れていなかったらしいから、なにかの拍子にその村のどこそこの家ではかつて勝蔵という少年が生まれており、さらに（勝蔵は）幼少時に亡くなったということを聞いていたりすることも考えられる。また、幼少年時には記憶が途切れ途切れになりがちなものであるから、いったんは忘れていたその記憶をなにかの拍子に思い出したりし、特にウソをつくというような意識などなくてもそのことを口にすることも考えられる。勝蔵時代にはなかったという木にしても、新しい木ならたいていなかったはずであるから、それを特定できたりする。というあたりが、再生人間勝五郎と仙童寅吉事件に対する現代的合理主義、現代科学をいくらか学んだ（ほんの初学程度にすぎないが）私なりの結論である。

なお勝五郎事件に関しては明治初期、日本名小泉八雲ことラフカディオ・ハーン（一八五〇〜一九〇四）が英国の英国生まれであるが来日し、日本人小泉節子と結婚し日本に帰化して東大などで英語を教えた）が英国の学術関係の雑誌に投稿して紹介した。それが反響を呼び、英でも同様に生まれ変わりと称するケースも何件かあったと伝えられる。さらにそのような事例は不思議なことに男の子に限定されるらしい。また、ハーンには『怪談』という著書があることからもわかるように、篤胤と同様、異界・異世界的事象に興味を有する人物でもあったらしい。

ついでに言うとハーンには『霊の日本』という著書もある。それは日本人を霊魂的存在を意識して暮らしている人種と規定した、篤胤の『霊の真柱』にかなり影響を受けていると思われるものである。まさかハーンが『霊の真柱』を読んでいたとは思えないが（同書の原文は当時の日本人でもよほどの教養人でなければ読みこなすのは難しいものである。奥さんに読んでもらったのかもしれない）。なお、ハーンは一時、松江中学の英語教師をしていた。松江は出雲神話の本拠地。出雲大社に行ったりして、日本人に関する神霊的世界に対する親密性というようなことを肌で感じていたのかもしれない。

量子もつれと非局所的相関性

だが状況は変わった。以上は主として古典的力学、現代的物理学に規定されていた時代の常識である。物理学とそれをも含む科学は、全体として次のように三段階的に変わっている。もしくは変わりつつある。

（一）古代ギリシャ時代以来、近代科学の祖といわれるニュートン時代（十八世紀初め）あたりまでの、いわゆる古典的物理学、もしくは古典的科学の時代。

（二）ニュートン時代以来二十世紀末あたりまでの現代的物理学、もしくは現代的科学の時代。

（三）二十一世紀初めあたりからの超現代的物理学、もしくは超現代的科学の時代。

（一）（二）に共通する理論は、物体を動かすにはなにか物理的「力」のようなものを必要とする、である。その力が（一）では人間が肌で感じられるほど大きなものであるのに対して、（二）ではそれは人間的感覚ではとらえきれないほど微小なものにも至る、というふうな違いといってよい。

ところが（三）は（一）（二）とは本質的に全く異なっている。物理的力がなくても、もしくは特に加えたりしなくても物体は動かせたりする、というような理論なのである。それに関し、たいていの読者は実際にそのような事例、つまり力など特に加えたりしなくても物が動いた、というような実例を眼にしたことがあるはずである。例のユリ・ゲラー事件である（私も見た）。確かにスプーンはゲラーが少時、その上に手をかざして左右に動かしただけで、スプーンには全く（手を）触れなかったはずなのに曲がった。あれが事実なら前記（一）（二）のすべてが否定され、物体は物理的力などなくても何か念力のようなものでも動かせることにもなったりする。すなわち（三）的事象が現出された、ことにもなりうる。

なおユリ・ゲラー事件に関しては数年前、ＮＨＫのスタッフが実際にイギリスの田舎に住んでいるゲラー邸を訪問し綿密に取材している。結果はあるていど予想通りだったらしい。ＮＨＫのスタッフが持ち込んだスプーンは曲げられず、ゲラーが少時そのスプーンを自室に持ち込んで（その部屋にはＮＨＫのスタッフは入れなかった）、それ（らしい別のもののものかもしれない）を持ち帰って再度挑戦したら、そのときは曲げられたらしい。

ただし、その一事だけをもって物理的力がなかったら、もしくは特に加えたりしなかったら物体は動かせないことの証明にはならない。ゲラーがたまたまそのとき調子が悪くて念力（かどうかは知らないが）が足りなかったりして、曲げられなかっただけで、調子が良かったら曲げられたかもしれないからである。また、ゲラー以上にその種超常的能力の持ち主なら、曲げられるかもしれないからである。実際、ゲラー事件以来、あれくらいなら自分でもできると称する人物も少なからず現れたという。

なお、ＮＨＫのスタッフはそのさいイギリス南部のある古城に至り、その城に古くから伝わる幽霊事件に関しても取材している。その古城のある部屋ではハンチングを被った人物の幽霊が出るとの噂があり、実際にそれを見たという人も相当数いたらしい。ただしそれは「幽霊の正体見たり枯れ尾花」ではないが、その部屋の壁のしみなんかが、あたりが薄暗くなった時分になると（古城であるから人工の照明具などはない）、それらしいものに見えないこともない、ということで決着に至ったらしいが。また、幽霊を見たという人にも、ハンチングを被った人物というような先入観があり、それに規定されていたりして〝見た〟ということにも至ったらしいが（以上『超常現象』〈ＮＨＫスペシャル取材班〉新潮文庫より）。

アメリカ人はそのような超常的現象に興味を有する人種であるらしく、それを専門に研究する機関も少なくないらしい。そのうちの一つ「バージニア大学心理学教室知覚研究室」では、ある種の物理的力が空間を超えて他に及ぼすような現象も確認されているという。ただし、それは量子というごくごく微小的世界の事象に、今のところ限定されているらしいが。なお、そのような現象を専門用語では「量子もつれと非局所的相関性」（量子がもつれたりして空間を超えて互いに影響し合ったりすること）と規定している。つまり、ゲラーのスプーン曲げのようなことは絶対的に不可能というわけではないらしいのである。ただし、その空間を超えて伝えられる力とは、われわれの感覚ではとらえきれず、また表現も難しいほどごくごく微小な物質、量子の世界の現象に今のところ限定されているらしいが。さらにそのように物理的力が空間を超えて他に伝えられる現象は常時的というわけではなく、またある特定の条件があれば必ずそのようになるというわけでもなく、それが起こる起こらないは確率的にしかわからないらしいが。がともかく、物理的力が空間を超えて他に及ぼすような現象もありうるらしいのである。

物理的力が他に伝えられる超常的現象にはもう一種類ある。それが時間を超えて他に伝えられる、もしくは他に及ぼすことができるかである。それが可能なら現在の力を過去の何かに伝えられて、その過去の何かを作り変えることも不可能ではないことにもなりうる。勝五郎の再生譚のように、数世代前の人物を現在の勝五郎に適合するように作り変えることも可能になったりする。が、残念なことにそのような現象は今のところ、確認されていないらしい。ただしそれは確認されていないだけで、そのような現象は絶対的に不可能であるとの証明などはなされていないらしいが。ともかく、勝五郎の生まれ変わり譚的事例は絶対にない、百パーセント虚構であるなどとは言い切れないらしいのである。

なお、バージニア大学の前記研究室には世界各地から勝五郎のような生まれ変わり的事例が四十数か国、合わせて二五〇〇ケースほども報告されているという。それは統計学的には相当ていど有為的水準といえる。ウソ・偽りなどではなく、あるていどの真実性を有するということである。実際、その中にはある日本人少年の「自分はかつてイギリスのバージニアに生まれたが死んでしまい、日本に生まれ変わったと称し、さらにそのイギリスにいた頃、近くで鉄道事故があり人が何人も死んだ」という証言もあり、それが事実であったらしい。がともかく、前述「次元の破れ」も含めて、われわれの通常の感覚ではとらえきれず、また近代的合理思想などでは説明しきれないような事象や現象が、この全宇宙空間内には少なからず存在することは間違いないらしいのである。

最後に一つ蛇足をつけ加えさせていただくと、われわれ現代人が手中にできている物理学上の、そして全科学上の法則などは宇宙創成以来、この全宇宙的事象が関係した全法則類のうちのほんの一部分、英語でいえばSEVELAL（五、六）では決してなく、せいぜいFEW（二、三）かそこらのものでしかないらしい。したがって寅吉事件、勝五郎事件、さらに篤胤の雄勝峠での幻聴事件に関しても、この程度の結論とまでもいかない結末に至らざるをえなかったことをお許しいただきたい。

ついでにもう一つ、蛇足をつけ加えさせていただくと今後、科学が発達して我々の獲得しえた科学上の全知識類がせめてSEVELAL程度にまで至ったならば、もしかすると篤胤の提唱した「異界論」が再度、脚光を浴びることにもなりうるのではないか、ということである。ただしそれは読者ももちろん私自身も含めて、我々の眼の黒いうちでは決してないことだけは間違いないと思われる。

第五章　蛍火

昔はこのようなことが言われていたものである。

「馬上で天下は得られても、馬上で天下を維持することはできない」。

馬上で、つまり武力によって天下を制することはできても、その天下は武力によって維持することはできない。その天下を維持するに足る〝理〟のようなものがなければ、もしくはそれを構築することができなければ、いずれは対抗勢力の武力や〝理〟によって滅び去るということである。実際にそうだった。わが国における最初の武力による統一政権といえる鎌倉幕府も、二代目の室町幕府も三代目の徳川幕府も、いずれも自らの統治の正統性、有効性を保証しうる〝理〟のようなものがなかったため、もしくはそれを構築することができなかったため、対抗勢力の武力や〝理〟によって圧倒されて亡び去ったといえる。

貴人にして秀才宰相松平定信、生涯の痛恨事

天明八年（一七八八）一月三十日、応仁の乱以来といわれる大火が京都において発生した。ほとんどの

建造物が紙と木でできているようなものであった昔の町は火災に弱い。罹災は千四百町、京の町の過半にも及び、御所も全焼した。

当時、御所の保全・修復・建造などは幕府の役目であった。御所の再建のため時の老中松平定信が三か月後の五月初め、自ら京都に赴いた。「大廈《たいか》の倒れるはアリの一穴から」といわれる。大廈、つまり広壮な建造物もほんの些細な事故・過失などが契機となって倒壊にも至る、ということである。その定信の御所再建のための上京が、おそらくは八十年後の大廈（徳川幕府）の崩壊につながる端緒にも至った。

定信は八代将軍吉宗の孫という毛並みが良くまた学識も高い、今でいえば秀才にして貴人的宰相であった。当時の幕閣の下僚たちはよく、このようなことを言い合っていたと伝えられる。「越中様（定信のこと）は書類が読めるからどうにもならない」。従来の老中たちは家柄の良さなどによりトコロテン式にその座に押し上げられたようなボンクラ、面倒な事案などは自分で処理することができず下僚まかせだったりしたため、いくらでもゴマ化しできたが定信は秀才だからそれはできない、ということである。ともかく定信は御所再建という重大事業の采配を自らふるおうとして京都に赴いた。上洛時の定信の腹案はとりあえず応急的処置として仮御所のようなものを造り、本格的再建は時期をみておいおいに、というふうなものだった。それは当時の幕府の財政事情にもよる。幕府には創成時、四百万両（五千億円くらい）ほどの貯蔵金があった。が、度重なる災害と世相全体の奢侈的気運の盛り上がりなどによって出費が重なりその頃、八十万両（一千億円くらい）ていどに減じていた。

だが、朝廷側との交渉は難渋した。まず相手が悪かった。当時の天皇の光格はいわゆる傍系であった。父親は中級クラスの公家で、たまたま後花園天皇の何番目かの養子となり、兄たちの死によりトコロテン式にその座に押し上げられたようなものだった。それだけに浮世の味とでもいうようなものを知っていた。

粘りに粘った。仮御所ではなく、本格的なそれの再建をと譲らなかった。交渉方式も定信側にとって不利であった。対面でのそれなら、つまり天皇と定信との直接的交渉なら、天皇側もある程度は譲歩したのかもしれない。だが天皇側は常に代理の摂政か関白（天皇はそのような金銭的交渉を自らするようなことはない）ということもあり、結局は朝廷側の粘り勝ちのような結果に至った。本格的御所の再建と決まり、幕府の財政はほとんど底をつき、加えて朝権の復活とそれに付随しての幕権の低下という（幕府にとっては）さらなる禍根も生じた。

なにも定信自らが京都まで出向き、相手側（朝廷側）と直接に交渉するまでもなかった。いわば交渉相手の土俵に自らが上がったのである。相手が代理なら幕府側も代理にでもするべきであったのである。むろん当時、朝廷側との交渉事は京都で行う、というような規定があったらしいが、そんなものはいくらでもゴマ化しがきく。江戸での交渉か、もしくは朝廷側が代理なら幕府側も代理者にでもするべきだったのである。それに御所再建が遅れて困るのは朝廷側で、幕府側にとっては痛くも痒くもない。しかも当時、定信は老中首座という今でいえば内閣総理大臣のような要職にあった。京都滞在は一週間程度しか日程の余裕がないとの焦りもあったろう。加えて朝廷側にも強気になれる土壌のようなものがあった。「御所お千度参り」である。その数年前あたりから御所の周囲（一周千二百メートルくらいある）を回り、最後に南門に至って門内にお賽銭を投げ入れるというような風習が広まっていた。最盛期には年間数万人もの民衆がそのようなことをしていたと伝えられる。そういった風習などにより、朝廷側にも自らの権威の高さというようなものを意識しての強気での交渉であったものと思われる。

そのお千度参りでもわかるように当時、御所とその居住者の天皇家は一般庶民にとっては、もちろん他の武士階級者にとっても、今で言えば古びた神社とその神主ていどの認識、つまり信仰の対象ではあるが俗世間的権威などは特にない、というふうにも考えられていた。それがときの最高的権力者幕府との交渉事においていわば完勝を果したことにより、朝廷側に自らの俗世間的権威の高さをあらためて想起させ、逆に幕府側はその権威の低下を意識させられたことが、後々の明治維新にもつながる契機の一つにも至ったといわれる。

定信は元々は白河藩十一万石の藩主。二十歳の若さでその地位に就き、天災・災害相次ぐ奥州の地をよく治めたことで名を挙げた。安永・天明（十八世紀後半）の災害期でも、自領では一人の餓死者も出さなかったといわれる。質素・倹約を藩是とし、自ら率先してそれを実行し当時、窮乏の極にあった藩財政を立て直したことで名君との誉が高かった。そのような事績も評価されての幕閣の最高的地位者であったものと思われる。なお、定信は田沼意次の後の老中首座であった。田沼は賄賂政治家として有名である。実際はそれほどでもなかったらしいが、ともかく交渉事などのさいは事前にそれなりの下工作をしておいて、（交渉を）有利にするようなことくらいはしていたらしい。定信もそうでもするべきだったのである。交渉相手の摂政か関白あたりにでも。貴人にして秀才とのプライドもあり、そのような小細工は苦手だったものと思われる。定信は前任者田沼の手法を憎むこと激しく、殿中で二度まで田沼を刺し殺そうとしたと自著「宇下人言」の中で告白している。が、政治は結果がすべて、白河十一万石と徳川八百万石とでは統治手法は同じではないということなのである。

定信はその御所再建事件での敗戦がよほど悔しかったものと思われる。後にその復讐をしている。いわゆる「尊号事件」に関してである。当時の天皇光格は傍系だったこともあり、宮中での父の席次は摂政・関白より低いものだった。それでは不都合と光格は父を摂政・関白より位が上の太上天皇に格上げしようとした。が、今度は定信が頑として認めず結局、太上天皇案はお流れに至った。いわば江戸の仇を長崎で討ったようなものである。

以上のように御所の再建事件は、表面的には朝廷側、幕府側ともに一勝一敗、痛み分けのようなものであったが、実質的には朝廷側の勝利、それも大勝利と言ってよいものだった。前述「御所お千度参り」でもわかるように当時、一般民衆の間ではもちろん他の階級者の間でも、皇室もその最高的地位者の天皇も、宗教的権威はあっても俗世間的権威などは特にない、というふうな認識が通常的であった。それが俗世間的にも幕府と対等か、もしくはそれ以上もの権威を有するとの認識が一般にも、もちろん武士階級者の間にも行き渡り、後の明治維新にもつながったといわれる。結局、冒頭に述べたように、徳川幕府は武力によってその政権を得たが、自らの統治の正統性・有効性を証明しうる〝理〟のようなものがなかったため、もしくはそれを構築することができなかったがため、対抗勢力の武力や〝理〟に圧倒されて亡び去ったといえる。後に巷ではこのようなザレ歌が流行ったものである。

「光格がこね、孝明（天皇）が搗《つ》きし天下餅、黙って食らうは明治（天皇）」

大国隆正という平田門の〝鬼っ子〟

前述したように平田篤胤は二十代の終わりころから三十代の初めにかけて、『呵妄書』『新鬼神論』『千島の白波』を書き本としてではあるが出版した。それで新進評論家・学者として世に出ようとした。が、三十そこそこの無名の若輩者が評論というカタい分野で名を成せるほど世の中甘くないと、あらためて思い知らされたことだろう。三十代の半ば頃、医業も再開した。学塾「真菅乃舎」との兼業で稼ごうとしたのである。医師としての名も元瑞と改めた。元は元日の元、瑞とは瑞兆でもわかるようにめでたいというふうな意味合いを有する。初心に戻って出直そうとしたものと思われる。

そのように出直しを計った頃、当時京橋丸山町（現東京都中央区）にあった学塾に若い入門者が現れた。野之口隆正というまだ前髪を下ろしたばかり十五歳の若者であった。今で言えば中学二、三年生くらいの年齢である。平田塾は国学という硬派的分野の考研を行う大人向けの学塾である。そこで篤胤はこう言って断った。「自分は今、医業で忙しい、他へ行ったらどうか」。もちろん、医業が忙しいわけではない（篤胤の医業は悪徳的営業などは特にしなかったこともあり生涯、それ一筋で暮らせるほどは流行らなかったといわれる）。入塾希望者が若すぎるためである。が、野之口は日をおいてまた現れた。今度は断るわけにはいかない。というわけで野之口は篤胤塾のごく初期からの門人（二十数番目といわれる）に至った。なお、野之口は出雲神話の本家本元津和野藩出身だったこともあり、ずっと後年のことであるが大国主命にちなみ大国と姓を改めた。が、本稿では煩雑を避けるため以後は大国で通すことにする。

大国はきわめつけの秀才であった。当時、幕府には昌平黌という公設の学校があった。一学年の定員は九十六名、四十八名ずつの二クラス制で、各藩から選抜された秀才だけが集まる。もちろん厳格な入学試験があり、それも現代とそれほど変わらないほど厳正なものだった。まず、一問一答式の一次試験で基本的教養のほどを見、二次の論文試験で作文能力、識見等を測るという二段階的試験であった。今でいえば国立大学の入試で一次はセンター試験、二次では各大学独自の試験をするようなものである。大国はいわばそのような全国統一的試験でトップの成績を収めたらしい。全国一の秀才ということである。そのこともあり大国は全寮制の昌平黌では寮長を勤めていた。

ともかく大国隆正は篤胤門下に至った。といっても忠実な門下生というわけではなかった。ときには、どころかほとんど常に篤胤の規矩・規範を逸脱し、独自的行動をしがちな〝鬼っ子〟的門下生であった。篤胤の学風は次のように三分野にわたっている。

（一）学問性。
（二）宗教性。
（三）政治性。

このうち篤胤における優先順位はほとんど常に（一）（二）（三）の順であった。十点満点で採点すると、（一）、（二）、（三）の比重は五対四対一、もしくは六対三対一くらいの割合ではなかったかと思われる。一方、大国の方は優先順位は（三）（一）（二）の順で、それぞれの比重は七対二対一、もしくは八対二対〇くらいのようなものだった。つまり大国は師篤胤の最も関心の対象外とした「政治性」を、自らの主たる守備範囲としたのである。

大国のそのような政治性に関し具体例をあげてみよう。大国はまず、自らの学を「本教学」と定めた。本当の学問、真の国学ということである。そのように対外的に宣言すること自体、かなり政治的といえる。さらにその自らが主唱する本教学において、当時の世界各国の君主、国王、皇帝的存在を次のように規定した。まず、わが国の皇室を世界全体の総帝とし、各国の王室などはすべてその総帝に規定されるとした。図解すると次図のようになる。

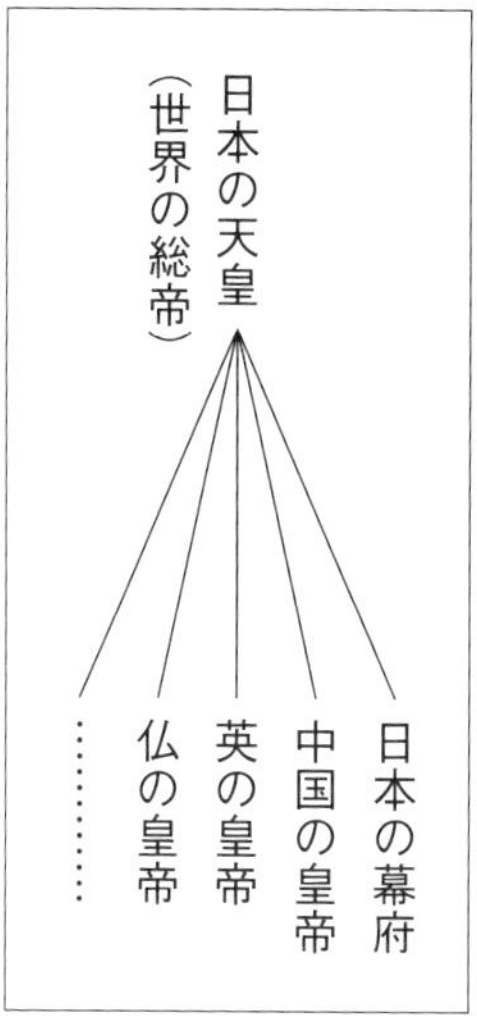

今次大戦時、わが国は中国大陸をはじめ東南アジア諸国に攻め入り、それら各国を蹂躙《じゅうりん》し席巻した。そのさいに用いた八紘一宇的思想、つまりわが国の天皇家は世界全体の総帝的存在であるという思想の原型といえる。なお八紘一宇とは明治三十六年、田中智学という国学者が日本書紀からとって造語したもので、その原型は大国の「日本の皇室

世界全体の総帝説」にあったといわれる。もちろん大国はそのような説を何の根拠もなく、やみくもに持ち出したわけではない。それなりの理屈も伴っていた。他国の王室や帝室などはすべて交代している。時の権力者が前代の権力者を武力で圧倒したりしてその地位に就いたものであるが、日本の皇室だけはそうでない。天孫降臨以来二千数百年間、連綿として続いている。一度も交代などしていない、万世一系的である、ということらしい。またそのように〝道理〟でもって各国を統御することを大攘夷とし、時の最高的権力者などが武力でもって政権を得るようなことを小攘夷と規定した。もちろんわが国の神道学を万国のそれらより優れた学とし、世界全体の正学と定めた。

さらに大国は以上八紘一宇的思想を中国路一帯の各藩にも広めた。自らの出身藩である津和野藩はもちろんのこと、小野藩（現兵庫県小野市）一万石、姫路藩十五万石、広島藩四十二万石の顧問的学者としてそれら各藩に幕末時、勤王論を広めまわった。その頃、それら各藩の要職者に大国の昌平黌時代の学友が少なからずいたこともあったものと思われる。特に広島藩へのそれが幕末維新に大きく作用した。広島藩の藩祖は浅野長政。長政の妻ややは秀吉の正室ねねの妹、つまり長政は秀吉の義弟にあたる。加えて大国の勤王論もあり、広島藩は幕末時反徳川に旗幟《きし》を鮮明にした。そのため一時は「薩長土」ならぬ「薩長芸（芸州、広島藩のこと）」、などといわれていたものである。ただ、広島藩のような大藩は一つの思想だけに統一されることなどまずない。後には幕府派が盛り返したりして最終的には中立的立場に至ったが、ともかく中国路における最大藩広島藩が薩長ら西南雄藩をして自領を無抵抗的に通過させたことが、（それら雄藩による）倒幕成功の要因の一つであったといわれる。

そのように大国の日本の皇室世界総帝説、つまり大攘夷説が西国諸藩にも広まったのは、それなりの説得力があったからである。大国は若い頃、脱藩同然にして津和野を飛び出し、長崎に一年ほど遊学していた。その頃、長崎はわが国においてはほとんど唯一的西洋学の受け入れ地。そこで西洋事情を知り西洋学も収めた。キリスト教にも通じ、西洋事情に関する認識・知見も当時のわが国一般の学者、為政者のそれよりはるかに上であった。加えて昌平黌の秀才、寮長という信用もありの格好の扇動者であった。さらに出身藩（津和野藩）からの援護もあった。

当時、自藩領以外にまで自由に出歩ける武士階級者は（もちろん他の階級者も）ほとんどいなかった。特に武士階級者に対してはその規制が厳しく、藩からの許可なしに他領に至ったような場合は脱藩ということで、下手をすると追手をかけられその場で斬り捨てられたりしたものである。だが、津和野藩はそのようなことはしなかった。大国に課せられた罰は所払い（一定の期間、自領に帰れないこと）だけであった。大国にとっては痛くもかゆくもない。かえって好都合とばかり幕末時、西日本一帯を自由に駆け巡り、自説を広め廻ったことが幕末維新の原動力の一つにも至ったといわれている。

なお津和野藩は大国の他にも幕末維新時さらに明治期、森鴎外・西周・福羽美鈴・岡熊臣など有為な人材を輩出させている。幕末時からの自由闊達《かったつ》な藩風のためもあったものと思われる。ともかく幕末維新時、大国は一種の風雲児のようなものだった。一応は篤胤塾の筆頭的立場にありながら、師の規範を大きく逸脱し、ほとんど自由奔放的に中国路一帯を駆け廻ったりしていた。その大国は師篤胤のことをこう評している。

（一）篤胤の奇説にはついていけない（異界論、新鬼神論などについての評であったものと思われる）。

（二）ただし、その博識ぶりは古今無双的。

もちろん、篤胤側も大国の正体を正確に見抜いていた。大国についてこう評している。

「自分の門人は数多い。が将来、大きく名を成すのはこの若者（大国のこと）であろう」。

篤胤なりに自分に欠けている「政治性」という部分を大国が補い、さらに大きく発展・発現してくれることを期待していたのかもしれない。

獅子身中の虫ならぬ大功臣にして大忠臣、水戸藩

幕末維新時、倒幕派は主として薩長ら西南雄藩、いわゆる外様藩であった。だが、幕府側のそれも親藩でありながら倒幕の一助役を果たした獅子身中の虫的藩がある。水戸藩三十五万石である。水戸藩は江戸時代、徳川御三家の間では特殊な地位にあった。他の二藩、尾張藩と紀州藩は遠国ということもあり、一般大名たちと同様、藩主は一年ごとに江戸と自領に交互に居住するという参勤交代制であった。が、水戸藩だけは江戸から至近距離にあることで（急げば一日で至れる）、藩主は常時江戸藩邸に居住するという常府制であった。それだけに他の親藩二藩よりさらに密接に幕府権力と結びつき、影響を及ぼしたりしていた。またその影響とは徳川の一門にありながら、皇祖・皇室をあがめる藩風があったことである。その根源は二代目藩主光圀《みつくに》（家康の孫）にあった。光圀は南北朝時代における天皇家への忠臣、楠正成を顕彰する石碑を正成終焉の地湊川（現神戸市）に建立し、碑文に「嗚呼、忠臣楠氏の墓」と大書させたことで知られる。自らも勤王思想を有し、一般民衆も含めて当時の身分的階層を次のように定めた。

①天皇——②徳川幕府——③大名——④武士階級者——⑤一般庶民階級者

つまり一般民衆は武士階級者に規定され、武士階級者は自らが居住する地の大名に規定され、さらに大名は幕府に、幕府は天皇家に規定され五階級者すべてが丸く治まる、というふうな図式である。そのよう

な身分的階層関係があるていど有効的に機能していた時代を、前期水戸学時代という。

ところが江戸も後期になるとこの図式にあてはまらないようなケースも生じてきた。その直接の契機は大津浜事件であると言われている。文政七年（一八二四）、英国の捕鯨船二隻が水戸領大津浜に至り、船員たちが数名上陸した。水や新鮮な野菜など食糧類を求めてである。さらに大津浜近辺の民衆たちと交流し、実際に水や食料を提供されたりもした。つまり前記階層図にあてはまらない「⑥外夷」という新要素が加わったのである。最も日本側にとって都合が良いのは⑥を⑤の下に置くことであるが、それは外夷たちが承知しまい。実際にその上陸した船員たちは領主、つまり③との直接的交渉を要求していた。

だが、元々は前記図式での規制など、水戸人にとって無理筋だったのである。地図を調べてみればわかるが、水戸領は海岸線が長い。北端の那珂湊から南端の利根川河口まで一〇〇キロ近くある。つまり水戸領は漁民・漁業者の領、のようなものだったのである。漁業者は本質的に独立独歩をむねとしている。板子一枚下は地獄、というふうな世界で暮らしているだけに農業者などと違い、生まれも育ちも関係なし、自らの腕一本、度胸一つだけが頼りというような気風・気概がある。俗に水戸っぽ気質と言われる。喧嘩っ早く従順的ではない、自らが納得しなければテコでも動かない、ときには権威や権力にも反抗したりする、というような風潮を言うらしい。そういった気風を有する水戸人にとって前記①〜⑤のような堅苦しい身分的規定などに、素直に従えるわけはなかったのである。

なお、水戸地方には古くから伝わる「風流祭り」という奇祭があった。その祭礼時には男は女の女は男の、さらに様々な異装をして踊り狂いまくるという抑制・規制を厭う水戸人らしい奇習である。ついでにいうとその風流祭りを題材として昭和三十年代、歌手橋幸夫が「磯ぶし源太」という歌謡曲を歌い、中ヒットくらいした。さらにその歌詞が評価され第三回レコード大賞における優秀歌詞賞を授与された。当時の審査員たちはおそらくは明治期生まれ、その祭りの語源も実際の状況も知っていたものと思われる。歌の筋は恋仲であった男女が風流祭りのさい、フザケの度が過ぎて仲違いするという他愛のないものであったが。

ともかく幕末時、外夷という新要素の到来により水戸藩では前記図式の再編成が迫られた。結果をいうとそれは成らなかった。どころか様々に紛糾した。そのような混乱のはてに実力行使的状況に至ったりし（天狗党の乱など）、本来ならば倒幕派にとって最大的敵対勢力にもなるはずだった水戸藩三十五万石が、その戦力を空しく発散させたりしたことが、維新成功の要因であったともいわれている。そのこともあって水戸藩は一部旧幕府派からは獅子身中の虫的にも扱われているらしい。が、筆者はそうは思わない。水戸人は特に十五代将軍慶喜は、日本国全体にとっては、ということはむろん水戸人にとっても大忠臣にして大功臣でさえあったと考えている。

慶喜（一八三七〜一九一三）は水戸藩主斉昭の息子。はじめ徳川御三卿の一つ一橋家を継ぎ、十四代家茂の急死によりトコロテン的に将軍職に押し上げられたものである（慶応二年、一八六六）。さらにその二年後、征夷大将軍として旧幕府軍を直率して鳥羽伏見戦に至った。が、戦意など全くなく、戦いが始まるやいなや統率を放棄し、幕船に乗って江戸に逃げ帰った。江戸に至っても同様に戦意はなく、西郷隆盛率いる新政府軍が江戸に迫ると、旧幕府軍の最高司令官たる自らの役目を放棄して上野寛永寺に謹慎し、江戸は無血開城に至った。そのような避戦的挙動が、特に旧幕府関係者からは評判が悪いらしい。「自分の主君は十四代家茂でおしまい、慶喜など主君でもなんでもない」と広言する旧幕府関係者も、少なからずいるという。

だが筆者はそうは思わない。もしあのときつまり鳥羽伏見戦以来、慶喜が徹底的に突っ張っていたらどうなったか。旧幕府軍は全体的兵備状況は確かに薩長ら西南雄藩に劣っていたが一部、それらに対抗できる兵力も兵備もあった。幕末時、英は薩長を仏はそれに対抗して旧幕府側を支援していた。旧幕府には仏式訓練をほどこし、新式銃砲を有する仏式部隊もあった。加えて全体的兵力は薩長側の二倍以上はある。旧幕府側がその戦力を糾合し、慶喜がそれを統率して戦っていたらどうなっていたか。最終的には「玉（ぎょく、天皇のこと）」を有する薩長側の勝利にも至っていたのかもしれないが、有為な人材の少なからずは戦火に斃れ、国力は疲弊し、英・仏ら外夷により国内の要地を簒奪《さんだつ》されかねない国際情勢にあった。実際、その頃の中国（当時は清）はそのようなものだった。英、仏らが清朝派、反清朝派らをそれぞれ別個的に支援して清国内を分裂させ、支援の見返りに上海・広東など海岸部の要地を自国の租借地とし、その禍根が今次大戦後まで残存していた。そのような事態にも至りかねないのを、自らの降伏と寛永寺への謹慎により（その謹慎は例の西郷・勝会談の以前で生命の保証はないものだった）未然に防いだとの一事だけをもってしても、日本近代に果たした慶喜の功績は小さいものではない。

なお慶喜はそのような開明的感覚の持ち主だったことからもわかるように、今でいえば階級意識の希薄な人物であったらしい。こんなエピソードが伝わっている。榎本武揚（一八三九〜一九〇八）に関してである。榎本は旧幕臣、つまり慶喜の直接の配下であった。ただし、通常は目通りなどかなわない最下級的幕臣であったらしいが。幕末時、榎本はオランダに留学して航海術を修め、帰国して幕府海軍の副総裁に至った。慶喜には新しいもの好きという性癖があった。榎本は帰国早々、外国事情を知りたがる慶喜に呼び出された。恐る恐る下座でかしこまっている榎本に慶喜はこう声をかけた。そんなに遠くては声が聞こえない、もっと近くに寄れ。榎本が何歩か進むと、もっと近くもっとと何度かうながされ、とうとう畳一枚ほどしか離れていない至近距離にまで至った。昼刻になっても慶喜は榎本を解放してくれなかった。膳部が運ばれてきた。運んできた小姓は置いたまま帰った。そこでどうなったか。なんと慶喜は自ら飯櫃を開けて榎本の茶碗に米飯を盛りつけ、汁椀も同様にして榎本をもてなしたのである。以来、榎本は慶喜の熱烈なファンに至ったことは言うまでもない。

そのときの恩遇を榎本は後に還そうとした。函館五稜郭戦に関してである。新政府軍が江戸に迫るや、榎本は幕艦開陽丸を指揮し東京湾を脱出して函館に至った。新天地蝦夷地を開拓し、ゆくゆくは英に対する独立当時の米のような関係の新国家を創設し（独立当初の米はニューヨークを中心とする東部十三州だけの英からの移民が多い、第二英国のようなものだった。そもそもニューヨークとは新しいヨークシャー（イギリス中部地帯）という意味である）、慶喜を初代大統領にというふうな夢があったといわれている。がもちろん、翌年六月の五稜郭戦敗戦により、それは文字通り槿花一朝《きんかいっちょう》の夢に終わったことはいうまでもない。

夜明け前史観の誤り

前述したように、篤胤が幕末維新に果たした役割などほんの微々たるものである。大国隆正のそれに比べればせいぜい数分の一、もしかすると十分の一ていどにもあたらないのかもしれない。だが今日、その評価は逆になっている。あるていどの知識人、日本史に興味を有する人士で平田篤胤を知らない人はまずいない。が、大国の名を知っている人もほとんどいないものと思われる。げんに私がそうであった。篤胤の名はもちろん、郷里秋田の偉人として早くから知っていた。そもそも母校（高校）の校歌に「篤胤・信淵二つの巨霊、生まれし秋田の土こそ薫れ」とある。入学式以来各種儀式のさい、それこそ耳にたこができるくらい、篤胤の名は聞かされていた。一方、大国のことは本稿を書くにあたり、篤胤の事績を改めて調べたりしたさい、初めて知ったようなものだった。そもそも学術界そのものが同様である。『幕末維新人物事典』〈歴史群像人物事典編集部編〉（学研）という大著がある。幕末期に活動した人物二千名あまりが、そのおおよその事績とともに掲載されているもので、それには大国の名はない。ただし篤胤も載っていないが。篤胤は維新の二十五年前に死去しているから当然かもしれないが、大国は前述したように幕末維新に相当程度重要的に関係しているのに、である（大国の死は維新の三年後）。

大国はともかくとして今日、幕末維新といえば平田篤胤がまず第一義的に挙げられたりするのは、島崎藤村の例の大作『夜明け前』の影響にもよるものと思われる。『夜明け前』の主人公青山半蔵のモデルは藤村の父正樹であるといわれる。幕末時、地方豪農商層を中心とした文化サークルのようなものが各地に誕生した。年貢率の低下などにより（江戸時代後期には新田畑開墾のさいは（その開墾地は）数年間は無税であったりしたため、年貢率は初期の頃の半分ほどにまで減じていた）豪農層がまずうるおい、それに応じて豪商層もそれ以上にもうるおい、ヒマと金を持て余していたことにもよる。ただし、それらサークルが政治的活動にまで発展し、さらに維新時、平田国学を学んだりして倒幕運動等に至ったような事実など、ほとんどというよりおそらくは全くない。

そもそもその地方豪農商層における平田国学学習サークルそのものが水増しである。『風雲秘密探偵録』という資料が残っている。幕末時、篤胤亡きあと「気吹舎」を主宰していた二代目鉄胤が、各地の平田学派門人たちの動勢、入門記録などを記したものである。それには維新時の木曽谷における門人に関する記録もある。その門人帳には小沢重喬という豪商人（醤油醸造業者）が主催するサークルの構成者約三十人ほどの姓名と年齢、紹介者の氏名が掲載されている。まずその三十名ほどのうち十八名までの紹介者が小沢である。しかもそのうちの二名の年齢が十三歳と十五歳になっている（小沢の息子と思われる）。さらに山口銀次郎藤原正麿、島崎吉左衛門平重実といったフザけたとは言いすぎかもしれないが、ともかくそのような名もある（小沢が知友たちにとにかく名前だけでも貸してくれ、そのかわり公家ふうの名をつけてやるとでもすすめたのかもしれない）。

ともかく藤村の『夜明け前』は虚構である。あらためて〝夜明け前事件〟に関する実相をみてみよう。まず、和宮（一八四六〜一八七七）の関東降嫁である。和宮は仁孝天皇の第八皇女として維新の四年前、同年齢の十四代将軍家茂（一八四六〜一八六六）のもとに嫁いだ。二人とも数えで十九歳、今でいえば高校二年生か三年生くらいの年頃、公武合体のためである。皇女さまの初めての関東降嫁とあって行列は膨大なものだった。京都出発時の総人数は約六千人。出発だけで三日がかりであった。それら大行列は当時の主街道の東海道ではなく、中山道経由であった。東海道では公武合体に反対する勢力による妨害が危惧されたからである。ともかく皇女さまのお通りである。途次の関係藩（小藩や旗本領も含めると十六もあった）により木曽路の道々の大石は取り除かれて掃き清められ、沿道に蔽いかぶさる樹々はすべて伐採された。芭蕉が元禄の昔、更科紀行で通ったさい、「かけ橋や命がからむ蔦葛《つたかずら》」とうたった例のかけ橋（崖の中腹に藤のつるで編んだだけのハンモック状の橋）は、そのときはもちろん丸太と板による本格的な橋に架け替えられていた。新政府軍の木曽路通過はその二年後である。途次の道路などはすべて整備され尽くされている。『夜明け前』には一部地域で平田派の門人たちが新政府軍を嚮導したというような記述もあるが、そのような事実などおそらくは全くない。

あらためて維新時の新政府軍中山道部隊の行動を追ってみよう。明治元年の一月、鳥羽伏見戦で勝利を収めた新政府軍は関東征伐を期し、和宮の元婚約者有栖川宮熾仁親王《ありすかわのみやたるひと》を東征大総督とする総勢三万もの大軍を発進させた（それにしても誰がこのような皮肉な人事を考えたのか。たんなる歴史の偶然なのか）。

軍は大垣（岐阜県）から西郷隆盛を主将とする東海道軍と、土佐人板垣退助（一八三七〜一九一九）率いる中山道軍の二手に分かれた。中山道軍約一千五百名はまず諏訪（長野県）に至り、そこから甲州街道を南下した。その頃、江戸でも迎え撃つ軍を派遣していた。新選組を主力とする甲陽鎮撫隊約五百名である。隊長はもちろん近藤勇、副隊長は土方歳三であった。鎮撫隊の江戸城進発は二月二十九日（当時は旧暦であるから二月も三十日あった）。その日は新宿に至り、土地の芸者、酌婦を総揚げにしてどんちゃん騒ぎ。翌日は三鷹、さらに近藤と土方の出身地三多摩でも同様に、土地の芸者衆の他に近藤と土方の知友まで集めての豪遊を重ねた。鎮撫隊の方は江戸城進発のさい、五千両という今でいえば五億円ほどの大金を与えられていた。幕府再興の暁には土方は五万石、近藤は十万石の大名にしてやるとの約定があったらしい。もう大名になったつもりの豪遊ではなかったのか。

一方、板垣軍もその頃、鎮撫隊の江戸進発の報を得た。両軍の勝敗のカギは甲府城にどちらが先着するかであった。甲府城はその幕末時は空き城で、大量の武器弾薬・食糧が備蓄されていたからである。計算上は鎮撫隊の方が一日か二日先着するはずだった。そこで板垣は全軍を二手に分け、先鋒軍約三百名を選抜しそれを自らが直率して甲府城に急行した。そのさい板垣は「大小便も行軍したまま垂れ流せ。違反した者は斬る」と怒号したと伝えられる。板垣軍の甲府城到達は三月四日の夕刻。そのころ鎮撫隊の方は甲府の手前十キロほどの勝沼にいた。甲府城を先に奪われた鎮撫隊はいたしかたなく、その日は勝沼に野営した。その夜、大量の降雪があった。鎮撫隊には戦意を失って逃亡する兵が続出した。翌五日の戦いについては語るまでもないだろう。鎮撫隊の死は五十名ほど、残りのほとんどは逃亡か傷であったものと思われる。一方、板垣隊の方は死一名、傷三名にすぎなかった。所詮は名将（板垣）と愚将（近藤）の違いであった。鎮撫隊はそのまま四散したのであるが、近藤は江戸に逃げ帰り大久保大和と変名して市中に潜伏していたのを発見され、捕らえられて斬刑に処せられた。土方は翌年の五稜郭戦で戦死したと伝えられる。

なお、以上甲州戦を含めて本書における戊辰戦争関連事項の多くは、『戊辰役戦史上・下』〈大山柏著〉（時事通信社）に負っている。同書は全一〇〇〇ページ余にも及ぶ大作。著者の大山柏は陸士二十二期卒の元軍人（最終的階級は少佐）。柏の父巌はいうまでもなく日露戦争時における満州派遣軍最高司令官。巌は戊辰戦争時、薩摩藩砲兵部隊の隊長として奥州各地に転戦し、いずれにおいても圧倒的勝利をおさめている。息子の柏は戊辰戦争を語るにこれ以上の人材はいないと言ってよいほどの適任者である。

戦闘集団（西南雄藩）対文弱国家

中国民族は古くから辺境異民族の侵攻に悩まされてきた。紀元前後のころの匈奴、十二、三世紀のモンゴル（元）、十七〜十九世紀にかけての満州族（清）である。人口は常に異民族の方が少なかった。満州族などは人口は漢民族の五パーセントくらいでしかなかった。だが、戦いはほとんど常に異民族側の圧勝で、中国民族は紀元以後の全歴史の三分の一ほどはそれら外夷たちに統御され続けていたといってよい。ことほどに武力を有する集団はごく少数でも、無武力的大集団を制御できるのである。

幕末時のわが国においてもそうであった。旧幕府軍が倒幕を企てた長州藩に攻め入った第一次長州戦争（一八六六）である。兵力は旧幕府軍約五万、長州側五千ほどといわれる。が、戦いはほとんど常に長州側の圧勝であった。旧幕府軍には戦闘員が少なく、大半は戦闘員の従者か臨時雇いの荷持ちといった、非戦闘員だったからである。一人の戦闘員につき、その槍持ち荷持ち食糧持ちといった非戦闘員が何名か従い、それらが一団となって行動するというようなシステムであった。旧幕府側には補給部隊がなかったためである。戦闘員そのものの質も悪かった。大半は江戸の町場育ちの軟弱者、馬の乗り方もろくに知らず、その馬を御して戦場を疾駆するなどましてできるはずはなかったのである。加えて主武器とした鉄砲が旧式の火縄銃が主体で、飛距離は百メートルかそこらのものでしかなかった。

一方、長州側の五千はほぼ全員が戦闘員で主武器としたミニエー銃の飛距離は五百メートルはあった。ただ、ミニエー銃にも欠陥があった。発射速度が遅いことである。一発、発射してから次弾を撃つまでに少なくとも四、五分はかかった。その四、五分の間に旧幕府軍が一致協力して長州軍に殺到するならば、（人数的には圧倒的に多い旧幕府軍の）勝利にも至ったりする。ただしそれには戦意が重要である。そしてその戦意を高揚してくれる「大義名分」のようなものがあれば、互角ていどには戦えたりする。大義名分も戦いの帰趨を決する重要な要素の一つである。

そもそも幕末時、一般には皇室のことなどあまり知られていなかった。天下様といえば徳川家というようにも思われていた。皇室とはたんなる神社、天皇はそこの主催者たる神主というような認識がむしろ一般的であった。それだから江戸時代の二百数十年間、存続しえたといってよい。もし皇室が俗世的にも権威を有する存在という認識であったなら、徳川政権の力が最も強大的であった五代綱吉か八代吉宗時代あたりに、（皇室は）おそらくは廃絶されていた。俗世間的な権威など特にないと思われていたから、また実際にそのようなものであったからそのころにまで存続しえたといえる。

そのような当時の皇室に対する認識を一変させるに功のあった人物が四人いた。一人はもちろん、本書の主人公平田篤胤である。ただし篤胤の著書はあまり一般的ではない。博識の度が過ぎていたりして話題があちらこちら飛びすぎ、よほどの学識がなければ読みこなすのは難しいものだった。加えて篤胤の基本的思想は大攘夷説に近く、天皇家は世界全体の総帝的存在で徳川家は日本国の統括者というふうなもので、現実世界における徳川政権を特に強烈に否定するものではなかった。

篤胤以外はまず孝明天皇（一八三一〜一八六六）である。孝明は病的なほど夷人嫌いであった。というよりは神国思想の持主であった。篤胤の著書にも触発されていたともいわれる。篤胤の古代史関係の書には外人を夷人と規定している箇所もある（『古史伝』）。ペリー来航（一八五三）以来すでに十年、当時は京の町でも夷人の影がチラついていた。尼崎（現兵庫県）には外人の居住地さえあった。そこで孝明は考えた。これ以上、外人に来られては困る、神国日本が汚されると。その思想を実行動に移した。「攘夷せよ」との勅書を作製し、それを公卿大原重徳に託して江戸に下向させた。文久二年（一八六二）六月のことである。なお大原の帰途、横浜の町で一行の行列の前を横切った夷人を（大原の）家人が切り捨てたことにより外交問題に発展した（生麦事件）が、大原一行の使命からしてそれは起こるべくして起こった事件といえる。

ともかく大原は江戸に至った。勅使であるから少人数では行けない。しかもたんなる儀礼的な下向ではなく、攘夷せよとの実力的行動を迫る要望書のようなものを携えてであるから、なおさらである。護衛部隊が必要である。それを島津久光（当時の薩摩藩主斉彬の弟）が果たした。自藩兵約一千名を伴って江戸まで同行した。幕府が一行の江戸入りを実力で阻止しようとしたら戦端を開く覚悟であったものと思われる。七月三日に江戸入りし、同八日江戸城に至った。さらに大原は江戸城において大胆な行動に出た。江戸城の大広間で諸大名、幕府の高官らが居並ぶ中、自らは上段に位置して勅書を読み上げ、それを下段に座する十四代将軍家茂に手渡したのである。家茂は勅書を謹んで拝受した。それは大胆不敵にして破天荒的行為であった。それまで江戸開府以来二百数十年間、将軍の代替わりごとに、あるいは何かの行事ごとに朝廷からの勅使が江戸城に至っていた。が、すべては勅使が下座で上座に位置する将軍にうやうやしく勅書を読み上げたりするものだった。が、そのときおそらくは初めて勅使が上座に位置したのである。つまり宗教的権威だけでなく俗世間的権威においても皇室の方が上であるとの〝思想〟をこのときあらためて満天下に知らしめたのである。それが幕末時の雰囲気を一変させた。以来、俗世間的権威においても幕府より皇室の方が上位的であるとの認識が一般にも広まった。前記「光格がこね、孝明が搗きし天下餅……」の孝明の役割とは、この大原下向のことを言っているのである。

それにしても大原も、もちろん孝明天皇も思い切ったことをしたものである。まかり間違えば皇室そのものの存続にもかかわる大事件にも至りかねない、破天荒的行為であった。なお大原の、そしておそらくは孝明天皇のそのような前代未聞的行為の原点は平田篤胤にもあった。大原は江戸入りするやただちに使者を『気吹舎』に派遣し、篤胤の著作の皇室への献上をうながしている。そのことからして孝明天皇も大原も、篤胤の主要な著書は読んでいたか、少なくともその概要については承知していたものと思われる。後継者の二代目鉄胤はもちろんそれを拝受し、自ら篤胤の全著作を大原のもとに届けている。

その思い切った行動とは島津久光に関しても同様であった。まかり間違えば島津藩七十七万石の浮沈にもかかわりかねない重大事である。それまで江戸開府以来二百数十年間、参勤交代以外の用で、しかも武装した自藩兵一千名も伴って江戸入りした大名など絶えていなかった。いわば外様大名の江戸討ち入りである。それを決行し、しかも成功的に目的を果たしたという一事をもってしても久光の器量は小さいものではない。ただし、久光は一般にはあまり評価されていないらしい。むしろ暗君的にも扱われているようでもある。その原点はおそらくは司馬遼太郎の『翔ぶが如く』『きつね馬』あたりにあるものと思われる。あれには主人公の西郷隆盛とその援護者の島津斉彬をひきたたせたいがあまり、久光を暗愚的に扱っている箇所が少なからずある。が「島津に暗君なし」の俚諺ではないが、久光も歴史に名を残したそれなりの人物であったと、あらためて強調しておきたい。

なお、久光のそのような薩摩藩の存亡を賭した江戸討ち入りの根源は、自家に伝わるある古伝説を意識してのことと言われる。日本神話には天皇家の祖先が高千穂の嶺降臨時（天孫降臨の地は他にも出雲地方説や畿内説などいくつかあるらしい）、その地の隼人族が護衛して大和地方に至ったとの記載がある。薩摩人はその隼人族の末裔にあたるのである。

砲丸弾対榴散弾

戊辰の年（一八六八）春三月、西郷隆盛を主将とする新政府軍東征部隊はほとんど無血的に江戸入りした。その数日前、西郷は少数の護衛部隊だけを伴ってすでに江戸入りしていた。例の西郷・勝会談のためである。勝海舟は三月八日、ほぼ単身で（太刀持ちの従者一人だけ伴っていた）高輪（現東京都港区）の薩摩藩邸を訪れ、その両雄というよりは新政府軍と旧幕府軍特命全権大使同士の会談により、慶喜の助命と江戸の無血開城の約定が成った。慶喜は江戸城を退去して上野寛永寺に謹慎し、江戸を追われた旧幕府軍の少なからずは奥州に至り白河・二本松・会津・仙台・米沢ら奥州側諸藩が同盟軍（『奥羽越列藩同盟』）を結成し、新政府側とあくまでも武力で対決しようとした。その最大的規模の戦いが五月一日の白河戦であった。兵力は奥州側（以後東軍と記す）約二五〇〇～二六〇〇名、一方新政府側（以後西軍と記す）は六五〇名ほどであった。兵力比は四対一くらいである。刀槍を主武器としていた時代ならまともな戦いにはまず至らない。一の側はごく短時間のうちに四の側に壊滅にも至らされる。が、そのときは逆であった。壊滅にされたのは四の側であった。両軍が主武器としていた銃砲の性能が違いすぎたからである。

まず銃である。その頃旧幕府軍つまり東軍もほぼ全軍ミニエー銃を具装していた。が、西軍はそれ以上の性能を有するスナイドル銃が主体であった。両銃の有効射程距離はともに五〇〇～六〇〇メートルとそれほどの違いはない。が、発射速度が段違いであった。ミニエー銃は操作が複雑で一弾撃つまでに少なくとも次のような五つもの段階が必要であった。

①「銃口から紙に包まれた火薬（太いタバコのようになっている）を入れる」、②「弾丸（丸い鉄の玉）を同じく銃口から入れる」、③そのままでは銃を傾けたりすると弾丸が飛び出したりするからそれを防ぐため同じく銃口から、「口で噛んでひたした和紙を先端が平らになっている棒（穿杖）で突いて入れ、弾丸と火薬を密着させる」、③「引き金を引いて弾丸を発射させる」、⑤銃内（腔内弾道という）に残った紙片や火薬の残りカスなどを「銃口を下に向けてゆすって振ったりして掃除する」。

特に⑤の段階をよほど丁寧にしないと火薬の威力が弾丸にあまり伝わらず、飛距離は規定通りの五〇〇～六〇〇メートルにはまず至らないものだった。つまり⑤の段階に時間がかかることもあって発射速度は遅く、一弾撃って次弾を発射するまでに少なくとも四、五分はかかるものだった。一方、西軍の主力銃のスナイドル銃は今日のライフル銃のようなもので、銃尾の弾倉を開けて弾丸と火薬が一体となっているカートリッジ状の銃弾を装填して引き金を引くだけですむ。腔内（腔内弾道）を特に掃除などしなくてもよい。一分間に二発でも三発でもほぼ連続的に発射できる。

それでも兵員数は圧倒的に東軍が多いから、その優勢な兵力を有効的に用い、例えば全兵員を五列くらいに分け、第一列が撃ったらすぐ最後列に下がって第二列目が最前線に至る、というようなことを繰返したら、西軍とそれほど遜色のない戦いにも至れる。また実際にそうしたらしい。が、それでも有効的な戦いには至らなかった。砲の威力がさらに開いていたからである。次のようにである。

「東軍の砲は砲丸弾しか撃てないが、西軍の砲は榴弾も榴散弾も撃てる」。

砲丸弾とは砲丸投げの砲丸のようなただの鉄のかたまりである。直撃でもされなければ被害など全く出ない。一方、西軍の榴弾とは着弾すると爆発し、破片が四方八方に飛び散るもので、榴散弾はさらに威力が大きく、その着弾して飛び散るのが小銃弾なのである。両軍の主武器の性能がこのように開いていてはもう、正規の戦いなどと言えるものではない。一方の側による他方側に対する虐殺である。その虐殺の結果を次に記す。

東軍側、死約六五〇名、傷は残りほとんど全員。

西軍側、死一〇名、傷一五名。

以後、白河地方ではこのような俗謡が流行ったといわれる。「人は白河、人は武士」。武人たるもの、一度は白河戦のような圧倒的大勝利に至る戦いをしたいもの、というふうな意味合いを有する。もちろん、東軍側は西軍方の武器の優秀さは承知していた（これほどとは思っていなかったかもしれないが）。その優秀な武器もないではなかった。その頃、旧幕府側は仏と提携しており仏人教官も招聘し、新式銃砲部隊も少数ながらあった。が、それらは江戸に残置させ、奥州へは派遣しなかった。その頃、東軍・西軍の区分はあまり正確なものではなかった。特に東軍の方は向背が定かではない藩が少なからずあり、それらに虎の子的部隊（新式銃砲部隊）を提供するわけにはいかなかったのである。

白河戦のような戦況は以後も同様的であった。白河で壊滅的被害を被った東軍はその後、白河から六十キロほど後退して二本松（現福島県）に籠り、第二的抵抗戦線を形成し、七月二十九日の二本松戦争に至った。二本松藩は老人部隊から少年兵まで動員し、全藩兵挙げて西軍に立ち向かった。その頃、白河戦争の敗兵たちの多くは自藩に帰っていたから、ほとんど独力で戦った。だが、二本松城は城とは名ばかりの堀も城壁もないたんなる館《やかた》。戦いは二十九日の午前中だけの数時間で決した。二本松勢の死は三三九名、一方、西軍側は十二名にすぎなかったといえば、どのような戦況であったかは語るまでもあるまい。なお、二本松戦に関しては私はかつて『数学者が見た二本松戦争』〈並木書房〉で詳述しておいたから、興味のある読者はそれを参照してほしい。

二本松戦の次は会津戦である。それは前述、三月五日の甲州戦と同様、西軍方の最高司令官板垣退助の「速攻戦法」で決したようなものだった。甲州戦のときと同様、板垣は全軍に「大小便も行軍したまま垂れ流せ」と怒号し、会津藩の最前線部隊を一気に突破し、まっしぐらに鶴ヶ城に殺到した。その進撃速度が速すぎたための悲劇がいくつか生じた。まず例の白虎隊である。白虎隊はその最前線的警備部隊の一員であったが、ほとんど一撃的に板垣新政府軍に蹴散らされ、後方の飯盛山に取り残された。飯盛山から望見された鶴ヶ城はそのとき、猛烈な砲煙に包まれていた。それを落城と勘違いした白虎隊士十九名が集団で自決を遂げたことはあまりにも有名である。

また城下では、新政府軍の進撃速度が速すぎたことによるさらなる悲劇も生じた。藩士の家族たちである。それらは新政府軍が城下に迫ったさいは、城に避難する手はずになっていた。が、退避命令が間に合わず家族たちの少なからずは城下に取り残された。残置された家族たちは母がまず老父母の首を刎ね、我が子を刺し殺し、自らも喉を突いて果てた。この日八月十三日一日だけで会津藩側の死者は一八〇名余と、会津戦争全体における全死者数約二七〇名の三分の二にも達した。会津の実際の落城は半月後の八月二十九日であるが、それは堀も城壁も有する本格的な城塞攻めとあって、攻略に時間がかかったためである。

篤胤の秋田送還と終焉

以上のように軍事力によって得られた政権は、自らの統治の正統性・有効性を保証しうる〝理〟のようなものがなければ、もしくはそのようなものを構築することができなければ、対抗勢力の武力や〝理〟に圧倒されて亡び去る。時代を三十年ほど巻き戻し、篤胤老年時の動向をみてみよう。今日、平田国学は反徳川的でそれが倒幕の一因どころか要因であった、というふうにしている書もあるが、これほど的外れな説はない。前述したように篤胤に関し、最重要的課題は常に「古代史関係」と「宗教性」で、もう一つの課題である「現実的政治関係」は最も関心外的事項であった。、そもそも篤胤自身、もしかすると倒幕など夢にも考えていなかったのではないのか、反徳川幕府どころかむしろ親徳川的でさえあった。

具体例をあげてみよう。まず著書『千島の白波』である。それは篤胤には珍しく時局論であり現代政治論でもある。それにはこうのべている。

「天皇命《みこと》は万国ことごとくをしろし召す大君である」とまず規定し、さらに続いて「東照神君の命（家康のこと）、天皇命の御手に代わりて大御世を治め給えり」と、徳川政権の正統性を認めている。つまり大攘夷論である。反徳川などでは決してない。むしろ親徳川的でさえある。また実際その徳川政権に仕官運動をしている。それが効を奏し尾張藩からは三人扶持を給さえされていた（文政十三年、一八三〇）ことは前述した。さらに水戸藩に対しても友人の幕府祐筆屋代弘賢を通じて仕官運動をしている。ただしそれは奏功しなかった。水戸藩の学術・思想関係の最高的統括者藤田東湖らによる反対のためと思われる。東湖は篤胤に関してこのように評している。

「奇男子であり大学者ではあるがどこか変わっている」。篤胤の学問・学風については認める。もちろん反徳川的であるなどとは考えていなかったものと思われる。が、藩で抱えるには大物すぎるということであろう。なお、東湖は篤胤より三〇歳近く年下である。ともかく篤胤自身、自らの著作の方向性、思想・信条が反徳川的であるなどとは、もしかすると夢にも考えていなかったのではないのか。にもかかわらず篤胤は結局、幕府に忌避されて郷里秋田に送還に至った。天保十一年(一八四〇)暮れのことである。その理由は主として次の三事項が考えられる。

まず、門人生田万《よろず》(一八〇一～一八三七)の言動である。生田は館林(現群馬県)の人、平田門の逸材であった。一時、篤胤は自らの後継者扱いにして生田とその長男を自家に同居させていた(生田の長男は平田家において病死している)。が、生田は一書斎人で満足する性格ではなかった。行動派であった。平田門のおそらくは学問一筋的生活に飽きたらず、越後の柏崎(現新潟県)に至り家塾を開いた。当時は天保の小氷河期、悪天候が続いて米穀が満足に実らず、米どころ越後でも困民・窮民が続出した。生田はそれら民衆救済を志し、実行動に至った。門人数人と柏崎の陣屋(幕府の出張所)を襲い、米穀を奪って窮民らに配ったりした(天保八年、一八三七年六月)。その年の一月、やはり窮民救済の旗印を掲げて大坂で乱を起こした町与力、大塩平八郎の挙にならったものといわれる。なお、大塩の乱は結局は失敗に終わり、(大塩は)妻子とともに死に至った。生田も同様であった。妻子とともに捕らえられて同様に獄死している。

当時、罪科は当事者だけでなく関係者にも及ぶものだった。当然、生田の師であり、身元保証人的立場にあった篤胤にも探索の手が伸びてきた。だが、たんに弟子の不行跡だけで師を罰することはできない。篤胤自身の反幕府的、もしくは反国家的言動や著作にも嫌疑の手が伸びてきた。それはあった。著書『天朝無窮暦』である。それはわが国の創成時からその徳川時代末期までの約二千五百年間の、各月ごとの運勢等を記したものである。それに生田が序文を書いていた。序文であるから当然、推奨文であり賛同文である。当時、暦は民間人が勝手に作成してはいけないとの禁があった。暦、つまり何年何月はどんな運勢の月かなどと記す書籍は一種の予言書のようなもので、古い時代は時の最高的権力者のみが作製しうる専権的事項だったものである。徳川後期のその時代になっても、そのような禁令はまだ残っていた。というわけで篤胤にも嫌疑の手が伸び天保十一年の暮れ、「著述差し止め、郷里帰還」命令が至った。

ただ『天朝無窮歴』は一つのきっかけで、幕府はいずれ篤胤にもなんらかの処分を科すつもりでいたものと思われる。その頃、幕閣における文教政策上の最高的地位者、今でいえば文部大臣にも相当する林家の当主述斎は、篤胤に関してこう評している。

「鈴乃舎（宣長のこと）など良き時分に死に候。大角（篤胤のこと）、この人わが国を尊ぶのあまり、唐の聖賢をあざける。これまた人の容らざるなり。公辺より御沙汰により尾張家出入り差し止めとなり（その頃、尾張家からの三人扶持は停止されていた。幕府からの圧力があったものと思われる）」。

それにしても読んでいて腹が立つ。日本人が日本古来の風習を尊んでなんで悪いのか。それほど中国の聖賢とやらは偉いのか。オマエはいったい日本人なのか、中国人なのかと言いたくなる。幕府の文教政策上の最高的地位者がこれでは、やはり徳川は倒れるべくして倒れた、倒れてむしろ良かったというような思いがする。

そのように篤胤にも幕府による嫌疑の手が伸びて来たのは、当時の世相のためもあった。天保年間は小氷河期であった。いわゆる天保の飢饉である。江戸の町では窮民・困民があふれていた。行き倒れ人が山をなし野犬がそれらを食いあさっていた。どころか、その行き倒れ人の肉が鋭利な刃物で切り取られたような形跡もあったという。お救い小屋（窮民の保護施設）の収容人員一万名あまり、行き倒れ人一八八人、捨て子五十三人との記録もある。幕府としてはそのような世相もあっての思想統制だったものと思われる。

ともかく、篤胤に郷里帰還命令が至った、が、それは今でいえば軽犯罪法違反のようなものだった。当時、武家に対する処罰は上級、中級、下級と三段階あり、上級と中級は家族にも累が及ぶが下級の場合、処分は本人だけに限られる。養嗣子の二代目鉄胤にはなんの処分もなく、以後も家塾「気吹舎」を続けられたからである。

秋田へ向かっての篤胤の出発は天保十二年一月一日、もちろん二代目織瀬夫人も同行していた。十一日に仁良川（現栃木県）に至り、そこで春の雪解けを待った。仁良川は秋田藩の飛び地であった。そのように江戸退去後の行動は自由的であったことからも、篤胤の処罰はほんの軽微的なものだったようである。雪のない雄勝峠を四十五年ぶりに越え（例の幻聴事件のことをどう思い出していたか）、四月二十二日生家大和田家に至った。大和田家は甥（兄の長男）盛胤の時代になっていた。

ほとんど半世紀ぶりの秋田は篤胤を温かく迎えてくれた。数え二十歳時までの秋田には良い思い出などまずなかったものと思われる。が、今度は違った。篤胤ならぬ正吉時代を知っている人はほとんどいなくなっていた。篤胤については江戸で成功した大学者との評が高くなっていた。藩主佐竹義堯《よしたか》侯がまず篤胤のファンの一人になってくれた。義堯は元々は相馬藩（福島県）六万石藩主相馬誠胤の三男、秋田藩へは養子で来たものだった。相馬藩の祖は平将門。将門は藤原時代の武将で九世紀ころの桓武天皇の子孫といわれる。そのこともあり義堯も勤王思想の持ち主で、おそらくは篤胤の著書のいくつかは読んでいたものと思われる。早速、自らの顧問的学者に迎え入れてくれ、十両十五人扶持の禄も給してくれた。年収にして三百万円ほど、老夫婦二人だけではまずまず暮らしができる家計である。加えて義堯が病気になったさい、篤胤の治療がうまくいって快癒したこともあり（篤胤は江戸退去のさい大量の薬品類も持参していた）、ますます義尭の信頼が厚くなった。住居も市内中谷地町に提供してくれた。同地は現秋田駅の西方一キロほど、今は商店街になっている。その地番には友人がいたこともあり高校時代、私はよく歩き廻っていたことを、本稿を書きながら思い出している。

ただ、篤胤の秋田時代は短かった。正味、二年半ほどでしかなかった。死は六十八歳時の天保十四年（一八四三）九月十一日。死因のようなものは特に伝わっていないが、老衰だったようである。当時、六十八歳とは相当な高齢である。ただ、葬儀方式については紛糾した。その頃、秋田（だけでなく全国ほとんど同様）では葬儀はすべて仏式で行うという規定があったからである。篤胤の仏教嫌いのことは当然、遺族たちは知っていたろう。が、藩法に背くわけにはいかない。そこで親族たちだけでまず神道式の本葬儀を行い、その後で僧侶を呼んで仮葬儀をした。またその仮葬儀のさい僧侶は遠慮して読経は省略し、焼香だけで済ましてくれたと伝えられる。遺骸は現秋田市手形山の正洞院という仏寺に葬られた。同寺は今はない。墓地だけは残っている。辞世はこのようなものだった。

「思ふこと一つも神に果しえず、けふ罷《まか》るかやあたらこの世を」。

秋田藩の裏崩れ

以上のように篤胤は江戸を追放され生地秋田に至った。が、それは徳川幕府にとっては裏目的事態にもなった。「虎を野に放つ」といわれる。せっかく捕らえて檻の中に閉じ込めておいた猛虎を放ったため、後に（その猛虎が）害をいたすようなことを言うらしい。篤胤の秋田追放事件に関しても、幕府にとっては虎とまではいかないまでも〝豹を野に放つ〟ような事態にも至った。

当時の秋田藩主佐竹侯は以上のように勤王思想の持主であった。藩内にはその気風を受け「雷風義塾」

という勤王思想を特に学ぶ学塾があった。その主催者が同じく勤王論者の家老渋江内膳であった。内膳は相当な過激的勤王論者として他藩にも知られていた。吉田松陰が幕末時、日本海岸視察旅行時に秋田に至ったさい（文久三年、一八五六）渋江家を訪問し、一夜歓談している（『日本海岸紀行』〈吉田松陰著〉より）。内膳は篤胤のため雷風義塾内に「気吹舎」の分校を開設してくれた。秋田時代の二年半だけで篤胤の門人は七十一名にも達している。

家老に加え雷風義塾の門人、藩主佐竹侯も同様に勤王論者となれば以後、秋田藩の動向、方向性は定まってくる。戊辰戦争当初、秋田藩は奥羽越列藩同盟に加担し、新政府側と武力で対決しようとした。が、それは本心からではなく、周辺の大藩、盛岡・仙台・庄内らに押されて心ならずもそうしただけであった。明治元年の夏、会津の落城あたりから戦況は奥羽列藩同盟側が不利的事態に至った。秋田藩はもう遠慮することはないと九月初旬、同盟側に反旗を翻し、新政府側に旗幟《きし》を鮮明にした。そのようなこと、つまり同盟を結んでいた勢力の一部がその同盟を離脱して反対側に至ることを、戦術的には「裏崩れ」と称し、それが発生したら（発生した側は）、ほとんど短時日のうちに崩壊にも敗戦にも至るとされていたものである。

その「裏崩れ」で最も有名なものの一つは賤ケ岳戦（天正七年、一五八三）であった。信長亡き後、織田家の跡目を争って秀吉と柴田勝家が賤ケ岳（現滋賀県東部）で対峙した時の兵力は秀吉軍五万、勝家軍二万程度といわれている。が、それほどの大軍が集結していながら、戦いはほんの一瞬的に決したようなものだった。その原因は勝家軍の主力部隊の一つ前田利家軍約五千の独断的撤退であった。利家部隊は戦いに至る前、勝家軍の右翼を固めるという自らの役目を放棄し、独断で所領の金沢に逃げ帰ったのである。元々、秀吉と利家は同じく信長の小姓上がりとあって仲が良かったこともあったらしい。がともかく勝家軍の右翼方面がガラ空きになった。その間隙を見逃さず、夜陰にもかかわらず秀吉軍が右翼方面から攻めかかった。夜陰では鉄砲が使えないことを見越しての速攻であったものと思われる。その一撃だけで勝家軍は崩壊的事態に至った。ほとんど戦いらしい戦いは発生せず、勝家は所領の北の庄（現福井市）に逃げ帰った。そのときの兵力は五百ていどにまで減じていたといわれる。もちろん以後、攻城戦などは発生しなかった。秀吉軍が城下に迫るや勝家は夫人お市の方（信長の妹）とともに自害して果て、日本史上十指のうちには入るといわれる重要な戦い賤ケ岳戦は、あっけなく決着に至った。

それにしても勝家もダラしないといえばダラしない。勝家は勇将・猛将として知られていた。信長の十数度にわたる戦いでは常に先鋒を承り、苦戦的事態に至ったさいは進んで殿軍を引き受け、「鬼柴田」と称されていた。南近江（現滋賀県）長光寺において六角勢の大軍に囲まれ、水源を断たれて水攻めにされた。干乾しにされるよりはと末後の水を飲み干した後、残った水甕のすべてをたたき割って討って出て勝利をおさめたことで「甕割り柴田」との異名もとっていた。それほどの豪将が自らが率いる一万五千もの大軍が一戦もせずに崩壊していくのを、ただ茫然として見ていたのであるから。勝家はそのとき六十一歳。麒麟《きりん》も老いては駄馬、新婚六か月のお市の方の色香に武人魂を抜かれてしまったのか、というよりは「裏崩れ」の威力がことほどに強力である、ということなのである。

戊辰奥州戦争においても同様、秋田藩の裏崩れによって決着に至った、ようなものだった。まず仙台と米沢が秋田藩に同調して同盟を離脱した。その二藩は元々、日和見的であった。これ幸いと秋田藩に同調したものと思われる。残る同盟側の大藩は庄内藩十五万石だけである。庄内藩の祖は戦国時代徳川四天王の一人酒井忠次、生粋の譜代藩であった。そのこともあり、仙台・米沢・秋田ら外様雄藩の監視役として山形に置かれた。秋田や仙台・米沢のように新政府側にごめんなさいと頭を下げれば許してもらえるような立場ではない。石高そのものは十五万石とそれほど多くはないが、藩内には実質的には自領ともいうべき幕領がいくつかあり、それも合わせると実勢は三十万石はあった。加えて親藩ということもあり北方蝦夷地との交易をほとんど独占しており当時、東北だけでなく全国的にも有数の富裕藩で兵備は良好、戦意も旺盛であった。その優良な戦力を今度は敵対側に至った秋田藩に向けてきた。九月初旬のことである。

秋田勢は当初、勇んで現秋田・山形県境を越えて庄内領にまで攻め込んで行った。が、たちまち優良な武器を有する庄内軍の反撃に遭い後退につぐ後退を重ねた。そのような戦況を海上から目撃した記録が残っている。薩摩藩の艦船春日丸（一二〇〇トン）の艦長赤松源六によるものである。「ことに秋田勢は銃器が少なく、過半は槍・長刀のおしゃれで賊兵に押される一方だったので、砲弾を惜しまず賊兵の中に撃ち込んでやった」。

秋田軍側には銃砲類はあまりなく、大半はおしゃれ（見かけばかりで役に立たない）的武器の槍や長刀で押される一方だったので、海上から援護射撃してやったということである。なお、春日丸にはのちの日露戦争時、日本海海戦における英雄東郷平八郎元帥（そのときは若手の少尉）も乗り組んでいた。そのように秋田勢は押される一方でとうとう、秋田城の南方十キロほど、現秋田空港あたりにまで押し込まれてしまった。九月十日のことである。秋田側はこれ以上後退するわけにはいかない。翌十一日から十二日にかけて通称「糠塚山の戦い」と呼ばれる、秋田側・庄内側総力を挙げての最終的決戦が行われた。先に動いたのは庄内側であった。白地に赤丸を記した藩旗（日の丸の旗に似ている）二旗を先頭に押し立てて糠塚山から降りてきた。あわよくばこの日だけで決着をつけ、その勢いで秋田城下に殺到しようとの意気込みであったものと思われる。秋田側もそうはさせじと全藩兵を挙げて立ち向かった。勝敗の決着は容易につかず、昼刻になってどちらからともなく兵を退いた。が、庄内側にとってそれは意外だったらしい。それまで秋田側は退く一方、庄内勢は押す一方、のようなものだった。このとき初めて秋田勢は退かなかったのである。その糠塚戦のときは秋田側に応援の薩摩藩部隊が新しく加わっていたことにもよる。前述春日丸はその薩摩兵を秋田まで海路運んできた帰りだったのである。

翌十二日、応援の薩摩兵部隊がまず動いた。早朝時、二〇〇名ほどが一団となって、秋田側の記録によれば「なにやらわけのわからない叫び声を上げて（当時の秋田と薩摩は相互に異国のようなもので、言語はほとんど通じなかった）」、奇襲的に庄内陣目がけて突進した。庄内軍の主武器であるミニエー銃は瞬間的には撃てないことを見越しての、突撃であったものと思われる。さすがは薩摩隼人である。秋田軍も遅れじと続き昼刻には糠塚山の頂上には秋田藩旗が翩翻《へんぽん》と翻《ひるがえ》っていた。それが糠塚戦だけでなく、戊辰奥羽越戦争全体の分岐点でもあった。翌十三日の早朝時、庄内勢（海道口軍と称していた）は潮が引くように兵をまとめ、秋田領から撤退して行った。その頃、庄内軍は今の奥羽本線沿いからも秋田領の湯沢あたりにまでに攻め込んでいた（山道口軍）。海道口部隊が撤退しては山道口部隊ももたない。山道口軍部隊も同様に撤退し、戊辰奥羽越戦争全体も新政府軍側勝利となって決着に至った（九月十九日頃）。

なお、その海道口戦における新政府軍勝利に、篤胤学も相当程度重要的に関係している。本荘藩（現秋田県由利本荘市）二万石に関するものである。幕末時、本荘藩の藩校では皇道学が講じられていた。平田国学のことである。さらに当時の本荘藩主六郷政鑑《まさあきら》は数え二十歳の若者ながら平田学の信奉者であったらしい。秋田藩が九月初め、奥羽越列藩同盟から脱して新政府側に旗幟を鮮明にするや、本荘藩も同調し秋田藩と行動を共にした。むろん二万石の小藩では兵力など二〇〇名かそこら、有効な戦いなどできず、緒戦の段階で秋田軍と同様敗残に至り、進駐してきた庄内勢により城も城下も焼かれ、藩士の家族たちはほとんど身一つだけで秋田に避難した。筆者の実家はその本荘藩兵や家族たちが敗残の道を辿った旧酒田街道、現国道七号線沿いにある。当時の古老たちの話が伝わっている。村人たちは門を固く閉じ、雨戸の隙間から怖々と覗いていた。

「敗残の本荘藩兵やその家族たちが陸続と連なっていた」。

ただそのように、庄内軍と秋田軍というよりは新政府側軍との緒戦の段階で、庄内側の圧力のかなりの部分を吸収し、もしくは空しく発散させたことが、結果として糠塚山の決戦における新政府側の勝利にも結びついたといえる。もちろん明治新政府側もそのことは正確に認識していた。戦後、新政府は戊辰戦争に関係した各藩の論功行賞をした。そのさい、本荘藩は一万石の章典禄を得た。それは額としてはともかく藩禄に対する割合としては最高禄であった。

蛍火《ほたるび》か燭光か

結局、倒幕に至ったのは本章のはじめにのべたように、旧幕府側には自らの統治の有効性、正統性を保証しうる「理」のようなものがなかったから、もしくはそれを構築することができなかったからである。その「理」が東照神君などではダメなのである。一方、倒幕側にはその「理」、もしくは大義名分のようなものはあった。「尊王攘夷」である。皇室を中心として今一度日本国の政体を一新させ、全国民一丸となって西欧列強という強烈な外夷に対抗するべき、もしくはそうしなければ日本民族は隣国中国のような事態にも至りかねない（その頃中国は列強らによってほとんど蚕食的にもされていた）というふうな総意があった。

ただし、そのような総意も旧来からの尊王攘夷などではいけない。新時代にかなったそれを新しく構築する必要がある。それをするのに特に功のあった人物が二人いる。まず、旧福井藩士由利公正（一八二九

〜一九〇五）である。福井藩三十二万石は幕末時、開明的藩主松平春嶽を出したことでもわかるように時代を超えた藩風であったらしい。そのような藩風の中から生まれた一人が旧名三岡三郎こと由利であった。由利は五か条の御誓文の起草者として知られる。その誓文でまずこのように規定している。

「わが国未曽有の大変革を為さんとし、朕、躬《み》を以って衆に先んじ、天地神明に誓ひ大いに国是を固め、万民保全の道を立てんとす」。

天皇のみことのり、しかも王政復古という日本史上未曽有的事態における宣言文である。もちろん由利一人だけによる起草ではない。（関係者数人による合議であるといわれる）。その開明ぶりをみてみよう。まず「未曽有の大変革」である。王政復古などではない。旧体制、昔々の政体などを参考にするのではない。新しい時代に合った、全く新しい制度の新制的国家を創設するということである。さらに「万民保全」である。大名も武士町人も農民もない。すべての日本人が総意を結集して新に新しい国家、新生日本を建設しようということである。天皇自らが率先してそれを実行するとの宣言文である。階級意識など全くない。真の民主主義的精神が籠められているといってよい。

実を言うと私自身、五か条の御誓文のことはもちろん知っていた。が、実際に全文を読んだのはこれが初めてである。明治時代における天皇のみことのりであるからさぞかし、「皇祖皇神に誓ひ」とかなんとか、古めかしい表現でもしているのかと考えていた。が、予想とは全く違った。その五か条の御誓文の第一条からしてそうである。「万機公論に徹し」とある。万民平等すべての階級者、いや階級意識など取り払い（実際江戸時代までは士農工商の他にえた・非人というもう一つの階級があり、前者四階級者の間では身分的移動は自由であったが、えた・非人階級者は生涯その身分のままという、事実上二階級制のようなものであった。明治維新によりえた・非人制度が廃止され、完全な万民平等に至った。それは第一条の他に第四条の「旧来の陋習を破り、天地の公道に基づくべし」も関係しているものと思われるが）、真に新しい国家、新生日本国を建設しようということである。天皇みずからが率先してそれを実行するとの、宣言文である。今日の憲法の前文としても立派に通用する。当時の国家の指導者、国政の運営者たちの人格の高潔ぶり、識見の偉大さぶりにあらためて思い至っている。

さらに由利と同様、明治新時代に応じた法制を定めたもう一人の功労者の名をあげよう。津和野人西周《にしあまね》（一八二九〜一八九七）である。西は幕末時、幕府の留学生として西欧に至った。帰国後、まず開成所（今の東京大学教養学部の前身）教授として幕政に関与し、新知識を好む慶喜に見出され（慶喜の）顧問的立場に至った。西をこのように重用したことでも慶喜の時代を超えた開明ぶり名君ぶりがわかる。慶喜は八歳上のこの新知識人がよほど気に入ったらしい。さらに幕府の金で三年間オランダに留学させ、帰国後は正式に自らの顧問とした。慶喜が江戸を無血開城としたのは、「もう国内で争ってる時代ではない」との西の説得によるものだったといわれている。なお、西は「万国公法」の翻訳者であり、一般にも新時代的気風を吹き込んでいる。新しい時代に応じた生き方、対応の仕方などについて論じた『百一新論』を著した。それは福沢諭吉の例の『学問のすすめ』と同等的意味合いを有する、知識人向けの処世の書であった。実際、当時の知識階級者の間では広く読まれたと伝えられる。

最後に篤胤に関し、明治新時代人による一般的評価ともいうべきものをあげておこう。それをするのに好適な人物がいる。竹越与三郎（一八六五〜一九五〇）である。竹越は埼玉の人、福沢諭吉の慶應義塾にまず学び新聞記者さらに学者、政界に転じて代議士、貴族院議員と要職を歴任し、政界・学界・言論界に地歩を有し、加えて幕末時から明治大正期あたりまでの世相・世情・風潮のいずれにも通じているという稀有な人物である。その多種・多彩な経歴と識見をこめて『新日本史』『二千五百年史』を著したことでも知られる。両書とも現代にも通ずる最高的歴史論書、人物論書とされているらしい。その『新日本史』の中で篤胤については次の三項目を挙げて評している。

（一）まず「躁《そう》語険論」である。話題があちらこちら飛びすぎ、しかも表現がどぎつかったりして真意は一般にはわかりにくい。学術書というよりは講談・講釈師的ということである。実際、一部の正統的（？）学者からは大衆講釈師と蔑視されていたことは前述した。

（二）さらに篤胤は尊王論者ではあったが勤王論者ではなかった、ということである。その両語は同一的に用いられていたりするが、本来は別種的なものである。尊王とはたんに気分のモンダイであるが、勤王となると実行動も伴う。つまり尊王論を実際になにか行動に移して初めて勤王と言えるのである。

実際にそうである。篤胤は尊王論、つまり日本国の創成時からの最高的権威者を皇室とし、それを自らの著書の中では多々ふれているが、そのような思いを実際の行動によって示したことはまずない。たとえば勤王論者はたいてい自家に皇室関係の肖像などを飾り、それを拝礼などしたりするものであるが、篤胤に関してはそのようなことは全くない。篤胤は確かに毎朝起きがけに、西南方に向かって拝礼するのを習慣としていた。だがその拝礼していたのは皇居ではなく、熱田神宮の風神雷神（大きな袋をかついだ布袋様のような自然神）であった。そして竹越は篤胤に関し、最後にこうしめくくっている。

（三）篤胤は確かに維新という闇を照らし出した光明の一つではあった。が、その光明の照度は星光や蜀光にも及ばず、せいぜい蛍火ていどのものにすぎなかった。

『新日本史』は主として近代日本、幕末時に関する史論書であるが、日本史全体の通論書といえる『二千五百年史』となると篤胤の評価はもっと低い。同書は上下二巻に及ぶ大作であるが、それには篤胤の名は一度も出ていない。

最後に篤胤江戸退去後の『気吹舎』とその関係人物についてふれておこう。『気吹舎』は二代目鉄胤の時代になっても学燈の灯を消さなかった。どころかさらに門人の数を増やしている。篤胤時代の約三十年間の総門人数は五五〇人ていどだったのに、鉄胤時代の二十五年間だけで一三三〇人もの新規入門者がいた。鉄胤は学者としてよりは教育者・経営者向きの人物であったらしい。そのような能力を評価されたものと思われる。鉄胤は次のように明治新政府の思想関係の統括者的地位にも至っている。

明治元年二月　神祇局判事
　同年三月　内閣事務官
明治二年一月　明治天皇の侍講
　同年七月　大学校判事

また鉄胤の長男、つまり篤胤の嫡孫延胤は祖父譲りの秀才で明治天皇の侍講役とされたが、惜しいことに四十五歳の若さで病没した（明治五年）。なお日本政府は維新後、国学における四大人それぞれに、次のような官位を追贈してその功を賞している。

明治十六年……　四大人全員に正四位を追贈。
昭和十八年……　篤胤だけにさらに従三位を追贈。篤胤だけとされたのは当時一般の風潮、大東亜帝国思想の盛り上がりにもよるものと思われる。

以上で私自身に関する平田篤胤論については一応、終了としたい。が、それは二十世紀末頃あたりまでの〝篤胤論〟のようなものである。今日、特に科学関係においては全く新しい時代にも至りつつある。二十一世紀以後、もしかすると平田学の特に「異界論」が今一度、クローズアップされたりする時代が到来するのかもしれない。それについてうんぬんすることは、本書の公刊時満八十歳に達した小生ごとき老耄《ろうもう》の力の及ぶところではない。後進に期待したい。

あとがき

本書の著述目的は次の三事項です。

(一) 江戸時代中後期における思想家平田篤胤(一七七六~一八四三)の生涯と事績を、当時の世相・時代精神等をからめて叙述する。

(二) 平田篤胤は今日、その特異な思想性(異界論など)により異端的、もしくは狂信的思想家ともされておりますが、当時の時代精神からして〝異端〟や〝狂信〟などでは決してなく、もしかすると時代を一〇〇年、いやそれ以上も先取りした、その意味では正統的思想家といえるかもしれないことを、明らかにする。

(三) 同様に(二)に関し、平田篤胤の本領は宗教的思想性にあり、政治的思想性はほとんどない。その意味では平田を幕末維新の先導者、倒幕運動の黒幕などとするほど的外れな論はないことも敷衍する。

以上三事項がどれほど果たせたかは自分ではなんともいえません。読者の方々に判定していただきたいと思います。

主要参考文献

『新修平田篤胤全集』名著出版
田原嗣郎『平田篤胤』吉川弘文館
『藩史大辞典第一巻北海道・東北篇』雄山閣出版
秋田県編『秋田県史巻四』加賀谷書店
大山柏『戊辰役戦史上・下』時事通信社
井上勲『王政復古』中公新書
吉田真樹『平田篤胤・霊魂のゆくえ』講談社
米田勝安・荒俣宏編『平田篤胤〈別冊太陽〉』平凡社
伊藤永之介『平田篤胤』無明舎出版
苅部直『日本思想史の名著30』ちくま新書
田尻祐一郎『江戸の思想史』中公新書
NHKスペシャル取材班『超常現象』新潮文庫
大石慎三郎『江戸時代』中公文庫
陳舜臣『アヘン戦争』中公新書
稲垣史正『考証江戸の再発見』河出文庫
加持伸行『儒教とは何か』中公新書
大石慎三郎『田沼意次の時代』岩波書店
『日本の歴史14〈崩れゆく鎖国〉』集英社
『日本の歴史12〈開国と倒幕〉』集英社
『大系日本の歴史11〈近代の予兆〉』小学館
西郷信綱『古事記の世界』岩波新書
『本居宣長〈人と思想〉』清水書院
『江戸の生活と経済』三一書房
『松平定信〈人物叢書〉』吉川弘文館
『明治維新とは何か』東京堂出版
『徳川時代の社会史』〈吉川弘文館〉
芳賀徹『文明としての徳川日本』筑摩選書
『江戸の出版事情』〈青玄社〉
『江戸を知る事典』〈東京堂出版〉
相良亨『日本の名著24・平田篤胤』中央公論社
『日本の近世1〜18』〈中央公論社〉
小林秀雄『本居宣長上・下』新潮文庫
『日本思想体系53・水戸学』岩波書店
宮地正人『幕末維新変革史上・下』〈岩波書店〉
尾藤正英『荻生徂徠』講談社学術文庫
『百万都市江戸の生活』角川選書

著者略歴

渡部由輝（わたなべ　よしき）

1941年秋田県由利郡松ケ崎村（現由利本荘市松ケ崎）に生まれる。東京大学工学部卒、元予備校の数学教師。『数学は暗記科目である』『数学はやさしい』『発想力できまる数学』『偏差値別数学』〈以上原書房〉。『崩壊する日本の数学』『コンピュータ時代の入試数学』〈以上桐書房〉など、数学関係の著書多数。歴史（戦史）にも造詣が深く、『宰相桂太郎』〈光人社ＮＦ文庫〉、『数学者が見た二本松戦争』〈並木書房〉、『東北人初の陸軍大将大島久直』〈芙蓉書房〉などがある。

平田篤胤 — その思想と人生

発行日　2021年7月20日　初版発行
定　価　1980円〔本体1800円＋税〕
著　者　渡部由輝
発行者　安倍　甲
発行所　㈲無明舎出版
秋田市広面字川崎112－1
電話（018）832－5680
FAX（018）832－5137
製　　版　有限会社三浦印刷
印刷・製本　株式会社シナノ

ISBN 978-4-89544-668-6